学术研究专著·经济学

LUN JIAGE ZHIJIE JICHU HUO JIAZHI ZHUANHUA XINGSHI
论价格直接基础或价值转化形式
（第二版）

白暴力 著

西北工业大学出版社

西安

图书在版编目(CIP)数据

论价格直接基础或价值转化形式/白暴力著. —2版. —西安:西北工业大学出版社,2018.10
ISBN 978-7-5612-6386-0

Ⅰ.①论… Ⅱ.①白… Ⅲ.①价值论－研究 Ⅳ.①F014.31

中国版本图书馆 CIP 数据核字(2019)第 011431 号

策划编辑:雷　军
责任编辑:张　友

出版发行:	西北工业大学出版社
通信地址:	西安市友谊西路 127 号　邮编:710072
电　　话:	(029)88493844　88491757
网　　址:	www.nwpup.com
印刷者:	陕西金德佳印务有限公司
开　　本:	727 mm×960 mm　　1/16
印　　张:	9.75
字　　数:	180 千字
版　　次:	2018 年 10 月第 2 版　2018 年 10 月第 1 次印刷
定　　价:	45.00 元

第二版前言

《论价格直接基础或价值转化形式》是我的成名作，1986年由西北工业大学出版社出版。在这本书的基础上，我完成了一系列的著作，其中《价值价格通论》(General Theory of Value and Price)是我的代表作，在国家社会科学基金鉴定时，被认为"实现了价值价格理论上的革命，具有价值价格理论发展中的里程碑意义"，获得北京市第10次哲学社会科学优秀成果一等奖（特等奖提名）。

32年过去，弹指一挥间。现在出版《论价格直接基础或价值转化形式》一书的纪念版，真是感慨万分！

西北工业大学，对我来说，不仅是母校，而且是家乡，不仅是家乡，而且就是家。这种情感，一般人难以理解。1973年，我来到西北工业大学，在8系807专业上学，学的是航空电气工程。在经历了一段难忘的人生波折后，我得到了稳定的生活，西北工业大学用博大的胸怀包容着一个好学且任性的学子。45年来，西北工业大学一直为我提供一个宽松自由的学术环境，这个环境正是我取得今天学术成就的主要原因之一。

1986年，《论价格直接基础或价值转化形式》一书的出版，得到了西北工业大学我的老师们的支持，他们是：时任9系（原8系）总支书记宛良信教授、9系（原8系）系副主任李颂伦教授、附属中学焦秋萍校长、校科技部长虞企鹤教授等；时任校出版社副社长杨迺成教授亲自担任责任编辑，为书稿的出版付出了艰辛的专业劳动和巨大的学术勇气。没有他们的支持，在当年，像我这样一个年轻人，要出版这本书是一件不可想象的事情。

《论价格直接基础或价值转化形式》一书的完成和出版，还得到了我国经济学界许多老前辈的支持，这在1986年版前言中已经作了说明。这里要特别提及的是北京大学胡代光先生、中国人民大学宋涛先生和北京师范大学陶大镛先生，他们都是我国经济学界的泰斗，正是由于这些前辈们的支持，我才能登泰山以观日出。现在，老先生们都已作古，然而音容笑貌历历在目，每当想起，唏嘘不已。我对"价值转化形式"这一课题的研究，是1982年至1984年在胡代光先生的督促和指导下完成的，胡老师为我复印了国内外相关的全套资料,阅读了我写的各次手稿,并写了审稿意见。宋涛先生也为我的书稿写了审稿意见,自1985年起,每当我去中国人民大学向宋老师请教问题,离别时,先生总要拉着我的手从办公室一直送到校东门。1998年陶大镛先生将我调到北京师范大学,让我在先生身边工作,以便面命耳提,亲自指导。先生们对我的指导、支持和关爱,是无法用语言表达的。这里摘出些微手迹片断(附文后),或来自对我书稿的审阅意见,或来自给我的信件,以表深深的缅怀。

《论价格直接基础或价值转化形式》再次出版,也表达着我对先生们的思念和对西北工业大学的感谢。

白暴力
2018年7月1日于北京师范大学海纳轩

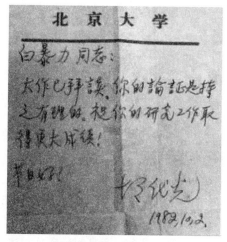

胡代光先生1982年手迹

胡代光先生1984年手迹

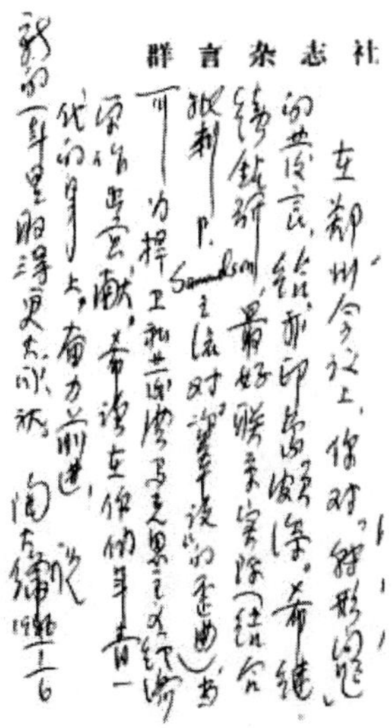
群言杂志社

陶大镛先生 1986 年手迹

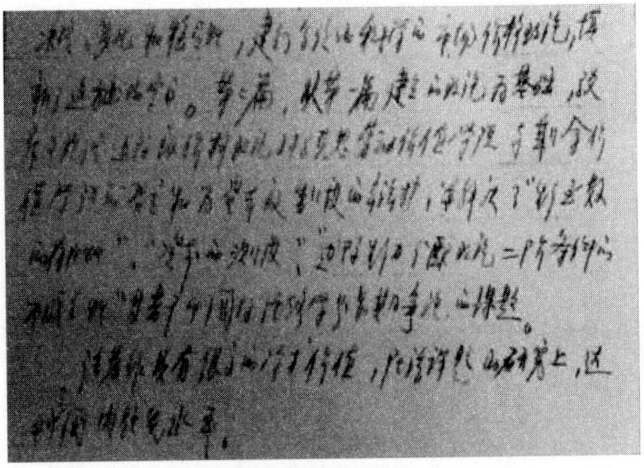

宋涛先生 1993 年手迹

第一版前言

"价格直接基础或价值转化形式"是一个重要的政治经济学基础理论课题。这一课题涉及劳动价值学说与现实价格运动中心的关系,而正确地说明两者之间的关系又是运用和维护劳动价值学说的关键所在。另外,这一课题又具有重要的实践意义,涉及合理制定价格体系的理论基础,而价格的合理制定又是社会主义经济稳定和发展的重要前提。这一课题中的"狭义转形问题",是自 20 世纪初以来国际经济学界长期激烈争论的重大经济学理论问题,涉及马克思主义经济学的基础理论——劳动价值学说,形成了保卫和反对马克思主义经济学的一个焦点。

笔者对该课题的研究始于 1979 年。六年多来,不断学习,专心探讨,阅读了国内外有关资料,接受和听取了经济学界前辈和同行们的许多指导和意见,先后写成四稿,现在终于将成果贡献在读者面前。

在本课题特别是"狭义转形问题"的研究过程中,北京大学胡代光教授给予了长期的指导、热情的鼓励和真诚的帮助,提供了国内外有关资料,细阅了各次文稿,审阅了拙作第二篇并提供了宝贵意见。北京大学陈岱孙教授、王俊宜副教授、晏智杰副教授,中国人民大学宋涛教授和徐禾教授,北京师范大学陶大镛教授提供了宝贵意见。我的老师吕庄副教授、宛良信和李颂伦副教授、皎秋萍校长、虞企鹤部长曾给予大力帮助。在此,谨向以上各位前辈和老师表示衷心的感谢。

由于学术水平有限,书中难免有欠缺和不足之处,真诚欢迎批评指正。

作 者
1985 年 11 月 22 日
于西北工业大学 1 舍

成功的探索 信服的论证
——评《论价格直接基础或价值转化形式》

山　木

有些真理,往往是后人证明其完善性的。马克思在《资本论》第3卷中,首次提出并论证了价值到生产价格的转化,论证了生产价格是价值的转化形式(以下简称"转化形式")。这是对政治经济学的一个重大贡献。但是,他没有对"转化形式"的精确量及其完善性进行数学证明。白暴力所著的《论价格直接基础价值转化形式》(以下简称《论价格》,西北工业大学出版社出版)一书,以充足的理论、严格的数学方程证明了马克思关于"转化形式"学说的完善性。

作者以马克思主义经济理论为基础,提出了一个新的经济范畴:价值转化形式(价格直接基础),建立了严格的数学模型,为解决"转化形式"的数学证明奠定了理论基础。在此基础上,作者提出了三个基本观点:第一,平均利润是社会总剩余价值的分配形式,生产价格是价值的分配形式;第二,社会总剩余价值量按平均利润率分配,社会总价值量以生产价格形式分配并不一定能分得尽,分不尽的部分称为"平分余量";第三,在实际经济生活中,平分余量通过实际利润和实际价格相对平均利润和生产价格的波动分配到各生产部门。由此出发,作者运用矩阵代数的方法,阐明了剩余价值转化为平均利润、价值转化为生产价格中各种量的相互关系,论证了马克思转化理论量的完善性,证明了马克思在《资本论》中已经揭示了平均利润——生产价格系统量的基本规律。

我们高兴地看到,《论价格》一书的出版,对经济学界在研究和掌握马克思的经济理论方面有着一定的学术参考价值。当然,科学是无止境的,广大读者恳切希望作者能对"转化形式"的问题,再作更深一步的研究和探讨。

《光明日报》1987年7月18日,经济学第339期

新风格、新思路、新突破

——评《论价格直接基础或价值转化形式》

文 之

《论价格直接基础或价值转化形式》(以下简称《论价格》)一书,由西北工业大学出版社出版,作者是青年经济学者白暴力。读了该书,其独到之处,使人耳目一新。

首先,该书在研究价值-价格理论这一政治经济学基本课题中,运用了数学方法,具有数理经济学的风格。

马克思认为:"一种科学,只有在成功地运用数学时,才算达到真正完善的地步。"《论价格》一书在理论研究中,运用了微分学和矩阵代数方法,在我国政治经济学的论著之林中树起了新的风格。

其次,《论价格》一书首次提出了"价格直接基础"这一新的经济范畴,还分析并研究了这一范畴和它的特殊形式——与价值同一的形式、生产价格、垄断价格和社会主义价格直接基础,建立了这些经济范畴,特别是社会主义价格直接基础这一范畴的数学模型,为我国的价格体系改革提供了可供选择的具有科学性和启发性的新思路和新方案。

价值与价格直接基础的关系一直是政治经济学特别是价值理论的一个关键问题。随着自由资本主义过渡到垄断资本主义,价格直接基础的形式由生产价格过渡到垄断价格。随着社会主义制度的建立和发展,又出现了新的价格直接基础形式——社会主义价格直接基础。这些价格直接基础的形式以及它们与价值之间的关系,又成为经济理论发展的症结。

《论价格》的第一篇,首先确定了价格直接基础的一般范畴,指出价格直接基础是由社会生产的两个方面(生产力和生产关系)所决定的物化劳动在各生产部门之间的分配,因而是价值的转化形式,并建立了价格直接基础的一般数学模型。作者在用经济历史和现实验证一般模型的同时,阐述了价格直接基础的各个特殊形式的历史演化过程,而且对垄断价格作了独到的研究。最后,作者重点建立了社会主义价格直接基础的模型,论证了社会主义价格直接基础是比生产价格和垄断价格更加复杂的价值转化形式。作者还分析了我国经济学界关于社会主义价格基础的各种论点，客观地指出了这些论点的贡献与不足。这些研究成果阐明了价格直接基础与价值之间的关系，为劳动价值学说以及社会主义经济理论的发展寻找了一条新的思路。

最后，《论价格》一书论证了马克思价值转化为生产价格理论量的完善性，在"转形问题"这一国际著名经济学课题的研究上取得了新的突破。

《论价格》第二篇，先以第一篇的内容为基础，提出了作为解决狭义转形问题前提的三个马克思主义经济学的基本观点。这三个基本观点的提出，突破了国际经济学界研究狭义转形问题一贯遵循的思路。由此出发，作者应用矩阵代数的方法，阐明了价值转化为生产价格中各种量的相互关系，论证了马克思转化理论量的完善性，证明了《资本论》已经揭示出平均利润-生产价格系统量的基本规律。作者最后还系统地评论了国际经济学界对狭义转形问题的研究，比较了不同学者的观点（模型），以科学的客观的态度指出：由于他们不懂得平均利润和生产价格是剩余价值和价值的分配形式，以及由此推出的三个基本观点，因此，他们都没有能够正确地解释和解决转形问题；但是，这些讨论使正确解决转形问题的思想不断发展，日益明显，从而使我们今天能够较完善、较正确地解决这一问题。

《论价格》一书也有不足之处。如，该书第一篇实际上已经涉及"广义转形问题"，但作者没有在这个方面作展开的、明确的论述，也没有就西方经济学者对广义转形问题的讨论作进一步深入的研究。另外，该书没有对价格直接基础一般范畴和社会主义价格直接基础的精确量进行研究。也许作者认为这些构成需要进一步研究的独立课题。我们热切希望能早日看到作者在这方面的研究成果。

《学术百家》1989年第3期，综述与评价，第62页
刊号：Cn41－1080

一本论述"价值转形"的学术新著
——评介《论价格直接基础或价值转化形式》

暨南大学经济学院　周治平

西北工业大学出版社新近出版了一本学术专著:《论价格直接基础或价值转化形式》。阅读之后十分欣喜,这不仅因为工科大学出了一本社会科学的学术论著,作者白暴力同志还是一位年轻的工科大学毕业生,又留校从事政治经济学和西方经济学的教学,以其年龄和知识结构的优势,在价格-价值理论领域刻苦专攻了六七年,获得此成果实非比寻常;同时也因为书的内容富有创见,令人信服地证明了马克思"转形"理论量的完善性,是国内首次正面论述价格直接基础和系统评介世界经济学界关于价值转形问题的专著。在此之前,有单篇的研究价格基础和评论"转形问题"的文章散见于各刊物,也有较为系统地介绍战后西方经济学在"转形"问题上的论争的摘译或资料,但未曾见有专著。因此,此书的出版无疑对研究这方面问题的理论工作者具有参考价值,对高等院校经济学专业的师生学习和研究《资本论》和西方经济学关于"转形"问题亦将颇有帮助。

全书一万余字,分两篇。第一篇论述价格直接基础,正面阐明了价格直接基础及其量的规定性,建立了一般理论模型并进行了验证,还专章讨论了社会主义价格直接基础的问题。第二篇研究狭义转形问题,论证了马克思"转形理论"中量的关系及其完善性,并系统评介了近八十年来世界经济学家关于"狭义转形问题"的简史。两篇既有联系,又可独立成篇。

在第一篇,作者的创见在于提出了一个一般性(抽象的)新范畴:价格直接基础或称转形价值。作者认为价值是价格的最终基础,但不是价格的直接基础。价格直接基础是介于价值与种种特殊(具体的)价格直接基础之间的一般范畴,是直接决定商品价格、构成市场价格运动的中心。在简单商品生产时期,这个一般范畴具体化为价值,即商品价格的直接基础就是商品的价值;在自由竞争的资本主义时期,商品价格的直接基础是生产价格;在垄断资本主义时期,商品价格的直接基础是垄断价格。在社会主义经济中,价格的直接基础也是与价值相偏离的受更为复杂的因素决定的经济范畴,而不是价值本身。

作者从构成社会财富主体的劳动产品都可计量、可比较的社会物化劳动的分配分析起,指出在商品经济中,作为分配实体的凝结在社会产品中的人类劳动表现为交换实体。在直接分配过程中,社会总量是作为前提存在,然后才是社会总量划分为若干份,才是各生产部门、各社会集团、各个人所分到的分量。但在交换过程中,直接展现在人们面前的不是社会总量,而是单个商品,人们看到的不是社会总量的划分,而是单个商品之间的交换,社会总量不过表现为这些单个商品量的总和。因此,凝结在社会产品中的人类劳动,作为分配实体,首先是社会总量;而作为交换实体,则首先表现为单个商品中所包含的量。这种交换实体不过是分配实体在商品经济中的表现形式。

接着作者分析了各生产部门应换回的物化劳动首先表现为单个商品应换回的物化劳动。在商品经济中,物化劳动以价值形式存在,因此,"各生产部门应分配的物化劳动"这个范畴就表现为"单个商品换回一定量价值"这一特殊范畴。书中通过整个理论的阐述,论证了"各生产部门应分配的物化劳动",正是形成价格直接基础的一般范畴。这正符合马克思的如下观点:"这种按一定比例分配社会劳动的必要性,决不可能被社会生产的一定形式所取消,而可能改变的只是它的表现形式,这是不言而喻的。……在社会劳动的联系体现为个人劳动产品的私人交换的社会制度下,这种劳动按比例分配所借以实现的形式,正是这些产品的交换价值"。① 作者对交换价值的理解和阐述有独到之处,并找出许多关于马克思把交换价值归结为社会劳动的分配的例证,说明"一种商品同另一种商品相交换的量的关系或比例"只是交换价值的表现形式,而交换价值本身正是形成的一般范畴。

商品的价格直接基础是在商品的交换行为中表现出来的,但在单个商品的交换中,换回的价值量与本身的价格直接基础量不一定相等,价格直接基础是在商品交换的社会整体中实现的。书中对价格直接基础量的规定性作了演算,根据价格直接基础是社会物化劳动分配的实现形式这一理论推导出商品价格直接基础量的公式,并用此一般理论模型对简单商品生产的价格直接基础、自由竞争资本主义的价格直接基础、垄断资本主义的价格直接基础进行验证。

该书还专辟一章,运用中国、苏联、东欧等社会主义国家工业产值部门构成的实际资料讨论了社会主义的价格直接基础问题,指出关于社会主义价格

---

① 马克思.马克思恩格斯《资本论》书信集.北京:人民出版社,1976:282.

直接基础的不同观点的争论,实质上是对利润量的规定性的争论。因为对构成价格直接基础的一部分的成本并无争议,争论在于利润应按什么样的规律形成。认为利润应按平均利润形成,相应地认为价格直接基础是生产价格;认为利润应按综合利润率(资金利润率和工资利润率综合决定)形成,相应地认为价格直接基础是成本加综合利润;认为利润应等于剩余产品价值,相应地认为价格直接基础就是价值。作者不拘一格,根据自己的研究,认为各生产部门资金有机构成差别引起的利润对剩余产品价值的偏离,在社会主义经济中比在资本主义经济中要小,因而社会主义经济中商品的价格直接基础量要比垄断价格更接近价值量,但也不可能直接等于价值量。

我试将本书上篇的构思归纳如下供读者参考。

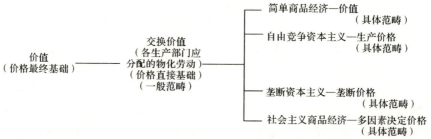

该书第二篇是关于转形问题研究。所谓"狭义转形问题",就是"总计两命题"(总生产价格总价格、总平均利润总剩余价值)能否成立的问题。这是20世纪八十多年来,在世界经济学界引起广泛讨论和热烈争议的问题。作者谙熟马克思主义经济学和西方经济学,深刻地指出其争论的中心本质上是这样一些问题:①以生产价格计量成本价格时,生产价格-平均利润系统中各种量的相互关系是什么;②马克思价值转化为生产价格理论在量上是否具有完善性;③马克思在《资本论》中是否已经揭示了生产价格-平均利润系统量的基本规律。第二篇探讨了这些问题。

作者对马克思的价值转化为生产价格理论理解得很透彻,根据马克思指出的,平均利润是"总剩余价值或总利润均衡分配时归于总资本的每个相应部分的剩余价值或利润"的原理,指出平均利润(率)是社会总剩余价值的分配形式,生产价格是社会总价值的分配形式。书中正确地确立三个基本观点:

其一,马克思《资本论》中的生产价格和平均利润不是以货币表示和度量的,而是以价值量(物化劳动量)为实体和度量的。"总计两命题"中的平均利润和生产价格都是以价值量为实体和计量的量,而不是以货币表现和计量的量。正因为用货币计量的利润和价格与以价值量计量的平均利润与生产价格,两者是不同质的计量单位,是两个层次上的问题,所以是无法作量的比较的。区分这两个层次、两个体系对于论证"总计两命题"十分重要。

其二,社会总剩余价值量按平均利润率分配,社会总价值量以生产价格形式分配并不一定分得尽。在分不尽的情况下,平均利润率只能近似地等于 $\dfrac{\sum m}{\sum (C+V)}$,总平均利润只能近似地等于总剩余价值,总生产价格只能近似地等于总价值量。作者将总剩余价值与总平均利润之间的差额,总价值与总生产价格之间的差额称为"平分余量"。

其三,"一般规律作为一种占统治地位的趋势,始终只是以一种极其错综复杂和近似的方式,作为从不断波动中得出的、但永远不能确定的平均情况来发生作用"。[①] 上述"平分余量"在实际经济生活中会分到某些部门,构成社会实际总利润和总(生产)价格的一部分,因此,最终仍然有实际社会总利润等于总剩余价值,社会总生产价格等于总价值。

书中运用数学方法论证了马克思"转形"理论量的关系和完善性,这在《资本论》中是未及深究的问题,马克思自己说明了,在一个特殊部门把商品的成本价格看作和生产该商品时所消费的生产资料的价值相等,那就总可能有"误差"[②]。只是马克思当时认为这一点"没有进一步考察的必要"[③]。作者运用矩阵代数等数学方法论证了马克思转形理论量的完善性。书中分别阐述了以价值计量成本价格时的平均利润-生产价格系统对以生产价格计量成本价格时的平均利润-生产价格系统的误差,以及两个系统间各种量的相互关系。书中指出在以价值计量的平均利润-生产价格系统中,平均利润是剩余价值的分配形式,生产价格是价值的分配形式,所以必然有分配后的总量等于被分配的量的总和,即"总计相等"的数量关系;而在以货币表现的平均利润-生产价格系统中则不存在这种分配关系,因此,也不存在数量上"总计相等"的必然联系。

书中以专章系统评介了"狭义转形问题"的讨论简史。令人信服地指出几乎所有"转形"问题的研究者都不懂得马克思转形理论的上述三个基本理论观点,因此他们在研究过程中都不可克服地陷入困境,他们其中的一些研究者更是曲解、非难马克思的转形理论。作者仔细地研究比较了他们的观点并将其归纳排队,分为几个类型:认为"总计两命题"不能同时成立者,如博特凯维兹(L. Von. Bortkiew1cz)、温特尼茨(I. Wintornitz)和米克(R. L Meek)等;认为

---

① 马克思.马克思恩格斯全集(第25卷).北京:人民出版社,1975:181.
②③ 马克思.马克思恩格斯全集(第25卷).北京:人民出版社,1975:185.

"总计两命题"只能在特殊条件下成立者,如塞顿(F. seton)和森岛通夫(M. Morishima)等;根本不承认转形理论,并以此攻击、否定马克思的劳动价值论者,如斯蒂德曼(1an,Steedman)萨谬尔逊模型(Panl. A. Samuelson)等。书中分别评介了有代表性、影响较大的博氏模型,及其评论者和修正者温氏模型、米氏模型、迪金逊模型、多布模型,指出他们的研究成果及其错误,进展及其局限。又评介了另一类型的塞顿模型、森岛模型,指出它们比前一类型的进步之处及其不足。最后批驳了斯蒂德曼在《依照斯拉伐来看马克思》一书中对马克思的非难,并指出其计算中的错误。作者对有代表性的研究者的主要观点作了简易浅显的分析、评论,并注意揭示他们之间思路的联系,就使读者对转形问题的理论发展线索有一个比较清晰的了解,从而为进一步研究、比较、批判这些模型提供了思想材料。

该书在写作方法上亦有特点,文字简练。每篇前有导言,每章后有小结,提纲挈领、简明易懂,帮助读者掌握主要观点。本书注意运用和区别抽象与具体的方法,借助数学方法,将比较深邃的转形理论较通俗地、深入浅出地展现出来。但是,本书也有不足,作为一本学术性较强的专著,有些问题的阐述略嫌简单,全书有些术语的运用尚未完全一致,对社会主义价格直接基础的研究有待进一步深化,并须引进特定的范畴。我深切地期望作者继续努力,发挥自己特有的优势,取得新的成果。

(责任编辑 梁越)
《社会科学评论》1988 年第 1 期,第 77~80 页
刊号:CN61—1001

目　　录

导论 ·· 1

第一篇　价值与价格直接基础(价值转化形式)

第一章　价值或价格最终基础 ························· 17

第二章　价格直接基础与自然价格 ····················· 20
 第一节　价值转化为价格直接基础 ···················· 20
 第二节　价格直接基础量的规定性 ···················· 25
 第三节　自然价格 ······································ 31
 本章小结 ·· 34

第三章　价格直接基础形式的历史演化(一般理论模型的验证) ······ 35
 第一节　简单商品生产的价格直接基础 ················ 35
 第二节　自由竞争资本主义的价格直接基础 ············ 37
 第三节　垄断资本主义价格直接基础 ·················· 40
 本章小结 ·· 47

第四章　社会主义价格直接基础 ························· 49
 第一节　社会主义价格直接基础 ······················ 49
 第二节　各种观点讨论 ································ 51
 第三节　应用举例 ····································· 56
 本章小结 ·· 59

第二篇　"价值转形问题"研究——生产价格精确量的计算

第五章　马克思"价值转形理论"与生产价格精确量的计算 ········ 63
 第一节　马克思的论述与问题的提出 ·················· 63
 第二节　作为解决问题前提的三个基本观点 ············ 65

第三节　"转化理论"中量的关系及其完善性 …………… 68
　　本章小结 …………………………………………………… 82

第六章　博氏模型及其评论者分析 ……………………………… 85
　　第一节　博氏模型分析 …………………………………… 86
　　第二节　博氏模型的评论者和修正者分析 ……………… 93
　　本章小结 …………………………………………………… 99

第七章　塞顿模型和森岛模型分析 ……………………………… 100
　　第一节　塞顿模型分析 …………………………………… 100
　　第二节　森岛模型分析 …………………………………… 105
　　本章小结 …………………………………………………… 110

第八章　斯蒂德曼模型分析 ……………………………………… 111
　　第一节　关于价值和生产价格计算 ……………………… 111
　　第二节　关于存在固定资本时价值量的计算 …………… 122
　　第三节　关于"联合产品"价值量的计算 ……………… 130
　　本章小结 …………………………………………………… 138

导　论

一、本书的研究对象与结构

价格最终基础、决定价格的最根本因素是价值，这是众所周知的最一般的真理。但是，价格最终基础并不就是价格直接基础。所谓价格直接基础是这样一个经济范畴：由这个经济范畴直接决定的商品价格构成市场价格运动的中心。所以，价格直接基础是比较具体的范畴，对它的讨论不能仅限于价值这个最一般的范畴，必须进一步专门研究。

在简单商品生产时期，商品价格直接基础就是商品的价值。在自由竞争资本主义大工业时期，商品价格直接基础是生产价格。在垄断资本主义时期，商品价格直接基础是垄断价格，包括垄断高价和垄断低价。无论是生产价格还是垄断价格，都是长期地稳定地偏离商品价值的价格直接基础。关于社会主义经济中商品价格直接基础的讨论，已经进行了很长时间，虽然还存在不同的观点，但是大多数经济学者已经认识到：在社会主义经济中，价格直接基础也是与价值相偏离的经济范畴，而不是商品的价值本身。马克思已经成功地论证了生产价格并非对价值的否定，而是价值的转化形式。由此可见，在一般情况下，形成价格直接基础的不是商品价值本身，而是价值的转化形式。因此，我们有必要首先把价格直接基础从生产价格、垄断价格等特殊形式中抽象出来，作为一个一般范畴专门研究。因为正如列宁指出的："……如果不先解决一般问题，就去解决个别的问题，那么，随时随地都必然会不自觉地碰上这些一般问题。"[①]如果我们确定并研究了这个一般范畴，我们就能够进一步清楚地了解资本主义价格的本质，就能够较为科学地、全面地认识社会主义经济中商品的价格直接基础。马克思关于剩余价值研究的下面一段话对我们研究的课题具有重要借鉴意义："所有经济学家都犯了一个错误：他们不是就剩余价值的纯粹形式，不是就剩余价值本身，而是就利润和地租这些特殊形式来考

---

① 列宁.列宁全集(第12卷).中共中央马克恩恩格斯列宁斯大林著作编译局,编译.北京：人民出版社,1959:476.

论价格直接基础或价值转化形式

察剩余价值。"①

本书第一篇的目的就在于研究作为一般范畴的纯粹形式的价格直接基础,并且在此基础上,研究各个经济时期中价格直接基础的特殊形式,特别是社会主义经济中的特殊形式。

价格直接基础的一般范畴,介于价值与种种特殊价格直接基础之间,比价值具体,比生产价格等特殊价格直接基础抽象。所以,我们应该从价值出发,从价值对价格的最终决定作用的具体方式出发,进而研究价值为什么、怎样以它的转化形式——价格直接基础直接决定价格,以及决定价值转化为价格直接基础的各个因素。其次,我们还必须研究价格直接基础量的规定性。只有确定了量的规定性,一个理论才是完善的。实践是检验真理的唯一标准,因此从逻辑上研究了价格直接基础后,我们还必须把这一理论带回到实际经济历史生活中进行验证。如果从第一篇理论得到的结果与各经济历史时期的实际价格直接基础一致,那么第一篇的理论就得到了验证,就可以说是合理的。理论研究是为了指导实践,因而,最后我们将用第一篇所阐述的一般理论来研究社会主义经济中的价格直接基础。因此,第一篇将分为四章:第一章是对价值作为价格最终基础的说明;第二章,价格直接基础的一般理论部分,包括价格直接基础质的规定性和量的规定性;第三章,价格直接基础的一般理论模型的历史验证;第四章,理论的应用——社会主义价格直接基础研究。

第一篇中的价格直接基础模型还是一种简化的模型,因为在该模型中生产过程中耗费的生产资料的相关量 K 是直接以价值量计量的。但是,如果商品是以其价格直接基础来确定交换比例的,那么,在价格直接基础模型中,生产某种商品的生产过程中耗费的生产资料的相关量 K,精确地讲也应该用价格直接基础来计算。因此,价格直接基础的精确量不是用单一方程所能解出的,而是需要包括所有(假定为 n 种)产品的 n 个方程的方程组才能解出,这是一个极为复杂的计算过程。

本书第二篇,以价格直接基础的一种特殊形式——生产价格的精确量的计算为例,说明价格直接基础精确量的计算问题。国际经济学界争论了上百年的所谓"价值转形问题",实质上就是生产价格精确量的计算问题。新剑桥学派的价格理论即斯拉法体系,在一定意义上说,也是对于生产价格精确量计算的研究。在一定意义上,第二篇在方法上借鉴了新剑桥学派的价格理论即斯拉法体系。

---

① 马克思.剩余价值理论(第一册).中央编译局,译.北京:人民出版社,1975:7.

第二篇包含第五～八章,其中,第五章说明生产价格精确量的计算,解决所谓"价值转形问题";第六～八章分析国际经济学界研究"价值转形问题"的著名的代表性模型。

二、方法论的若干问题

在正文之前,必须用一定篇幅对方法论的几个问题简单作以一说明。因为,方法论的这几个问题明白了,正文所要阐述的理论就非常好理解。其实,在讨论这几个问题的过程中,本书的基本思路已经清楚地展开在读者面前。相反,如果方法论的这几个问题弄不明白,本书的理解将是比较困难的。

这里,并不阐述众所周知的马克思主义经济学方法论的一般理论,如:唯物辩证法、历史唯物主义、科学抽象法等,仅讨论我们研究中直接使用的方法论上的几个具体问题,这几个具体问题平时不大为人们所特别注意。这些具体问题都是唯物辩证法、历史唯物主义和科学抽象法在政治经济学研究中的具体应用。

(一)一般经济规律和范畴与这些规律和范畴在不同社会中的存在形式

马克思说:"自然规律是根本不能取消的。在不同的历史条件下能够发生变化的,只是这些规律借以实现的形式。"[①]这里马克思所说的"自然规律"是指一切社会形态中都存在的经济规律。这种规律只与生产的社会技术条件有关,只与生产关系的共性有关,而与社会生产关系的具体形式无关。它们是最抽象最一般的规律。这些最抽象最一般的规律在不同社会中有不同的、特殊的、具体的表现和实现形式。这些特殊的具体形式是由各个不同社会的经济条件,包括生产关系和技术条件所决定的。一般的抽象规律是特殊的具体规律的内容,特殊的具体规律是一般的抽象规律的表现和实现形式。

经济范畴也是这样,也存在一般的抽象范畴和特殊的具体范畴。前者是由生产的一般条件决定的,后者是由一般范畴所在的特殊的具体的社会经济条件决定的。例如马克思在《资本论》中指出:"如果我们把工资和剩余价值,必要劳动和剩余劳动的独特的资本主义性质去掉,那么,剩下的就不再是这几种形式,而只是它们的为一切社会生产方式所共有的基础。"[②]"在任何社会生产中,总是能够区分出劳动的两个部分,一个部分的产品直接由生产者及其家

---

① 马克思.马克思、恩格斯《资本论》书信集.北京:人民出版社,1976:282.
② 马克思.马克思恩格斯全集(第25卷).北京:人民出版社,1974:990.

论价格直接基础或价值转化形式

属用于个人的消费,另一个部分即始终是剩余劳动的那个部分的产品"。[①]这就是说,剩余产品和剩余劳动是一切社会都存在的一般经济范畴,而剩余价值这一经济范畴正是剩余产品和剩余劳动在资本主义社会这一特殊的具体的经济形态中的特殊的具体的存在形式。又如马克思指出:生产资料和劳动力是一切社会生产的条件,所以它们是在一切社会中都存在的一般经济范畴;在资本主义这一特殊的经济形式中,生产资料以不变资本的形式存在,劳动力以劳动力商品的形式存在,进一步在资本主义直接生产过程中,以可变资本的形式存在。因此不变资本和可变资本这些经济范畴正是生产资料和劳动力这些一般的经济范畴在资本主义这一经济形式中的特殊的具体的存在形式。

混淆一般范畴和规律与其特殊的社会形式,会在理论上和思想上产生巨大的混乱。例如,资产阶级庸俗经济学就是把资本主义社会形态的特殊经济范畴说成是社会生产的一般范畴,试图以此论证资本主义是永恒的,长存不灭的。

斯大林曾指出:"在马克思的再生产理论中,如果仅仅看到这个形式,而看不到它的基础,看不出它那不仅对于资本主义社会形态发生效力的基本内容,就是一点也不懂这个理论。"[②]斯大林所说的"基本内容"就是一般的规律和范畴,"这个形式"正是它们在资本主义经济中的具体形式。

因此,我们在把握一个经济规律或范畴时,必须明确区别它的一般内容和具体特殊形式,不仅要看到规律和范畴的特殊形式,而且要看到它们的基本内容;同时,还必须找出一般内容存在的一般条件和决定它的具体特殊形式存在的特殊的具体社会经济条件,并把两者区别开来。只有这样,我们才能真正地全面地把握一个经济规律或范畴。

如果已经把握了一个一般经济规律或范畴,又了解了一个特殊的具体社会经济条件,我们就可以由此推知和把握在这个社会经济条件下的特殊的具体的经济规律或范畴。在本书的阐述中,我们就将采用这种方法,首先从最一般的经济条件中找出最抽象的经济范畴,然后逐步代入特殊的经济条件,找出各个具体的经济范畴。

从特殊的具体规律和范畴出发,找出它的一般内容,是从具体到抽象的逻辑过程。从一般规律和范畴出发,找出特殊形式,是从抽象到具体的逻辑过程。两者都是抽象法的具体运用。

[①] 马克思.马克思恩格斯全集(第25卷).北京:人民出版社,1974:992.
[②] 斯大林.苏联社会主义经济问题.北京:人民出版社,1952:72.

任何规律和范畴都有它的一般内容及其具体的特殊形式,因此,在科学研究中,我们必须全面把握经济规律或范畴,明确区别它的一般内容和具体的特殊形式,从最一般的经济条件中找出最抽象的经济规律和范畴,然后逐步代入特殊的经济条件,推断出各个具体的实现形式。这就是方法论上从一般到特殊、从抽象到具体的逻辑过程。

依据这个方法,我们将形成价格直接基础的交换价值,从生产价格、垄断价格和社会主义时期的市场价格中心等特殊形式中抽象出来,作为一个一般范畴专门研究,由此提出了交换价值(价格直接基础)这个一般的经济范畴。

(二)经济规律存在的原因与规律的实现机制

任何经济规律的存在都有一定的原因,对这种原因的探讨是研究规律的重要甚至是最重要的环节。只有说明规律存在的原因,才能论证规律的必然性,才能进而讨论规律的作用和其他各个方面。在探讨经济规律的原因时,最容易犯的错误之一是把经济规律的实现机制误当作经济规律存在的原因。所谓经济规律的实现机制是指规律借以实现的经济活动和经济过程。任何经济规律都必须通过一定的经济活动和经济过程才能够实现。但是规律的实现机制并不是规律存在的原因。① 例如,社会生产的比例性规律。这一规律的内容是:社会化的社会生产,各生产部门之间都必须保持一定的比例关系。这一规律存在的原因可以简单地表述如下:社会化生产的社会分工,使得各生产部门互相依存,相互交错,它们之间只有保持一定的比例关系,社会生产才能正常进行。这一规律的实现机制在不同的社会生产形式中是不同的。在市场经济中,它主要是通过价格、竞争这样的市场机制来实现的。在资本主义生产中,则是通过经济危机破坏性地强制调节得以实现的。在计划经济中,它主要是通过统一的经济中心的计划,自觉地调节得以实现的。

由此可见,经济规律存在的原因和经济规律的实现机制是根本不同的,我们必须把两者清楚地区别开来。经济规律的实现机制相对于规律自身和其存在的原因是表面的,研究经济规律时,必须先把规律的实现机制抽去。

马克思在研究生产价格时就充分说明了上述问题。本书在研究交换价值(价格直接基础)时,将采用这种方法。

在资本主义经济中,竞争是非常重要的经济机制,许多规律都是通过它得

---

① "达尔文……忽视了重复出现的个别变异的原因而注意这些变异普遍化的形式,这是一个缺点"。(恩格斯.反杜林论.北京:人民出版社,1970:67.)

论价格直接基础或价值转化形式

以实现的。虽然如此,但是它毕竟不是规律本身(除竞争规律本身),不是规律存在的原因。所以,马克思在研究资本主义生产过程中,首先抽去竞争这一现象,抛开竞争造成的表面假象,深入到经济过程内部,深入到生产中去,从而创立了科学的政治经济学。马克思对生产价格理论的阐述就是典型的例子。他首先说明:作为资本人格化的资本家,要求按资本平均分配剩余价值的规律,决定利润转化为平均利润,因而使价值转化为生产价格;然后才说明:这一规律是怎样通过竞争实现的。分配规律是生产价格的决定因素,竞争只是实现机制。马克思说:"我们正是想要知道那种不以竞争的运动为转移却反而调节竞争的利润率。平均利润率是在互相竞争的资本家势均力敌的时候出现的。竞争可以造成这种均势,但不能造成在这种均势形成时出现的利润率。……一个人和另一些人竞争;竞争迫使他和另一些人一样按同一商品价格出售商品。但这个价格为什么是10或20或100呢?"[①]这就是说,竞争只是迫使"平均利润率"和"这个价格"实现的机制,并不是它们的原因。马克思还曾指出,在资本主义经济中,平均利润和生产价格并非仅以竞争、资本转移这种机制来实现,"一旦资本主义生产发展到一定的程度,各个部门的不同利润率平均化为一般利润率,也就决不只是通过市场价格对资本的吸引作用和排斥作用来实现了。"[②]

由此可以得到启示:在探讨交换价值(价格直接基础)及其决定因素时,也必须首先把竞争抽出,排除竞争所造成的表面假象。同竞争一样,社会主义中的各种经济激励机制也是经济规律的实现机制,相对于规律本身也是表面的非本质的东西。因此,在交换价值(价格直接基础)及其决定因素的研究中也应首先把它抽去。

(三)生产、分配和商品交换三者之间的关系

区别经济规律存在原因及其实现机制的方法,也可以使用在对社会产品的分配和商品交换两者之间关系的研究中。社会产品的分配最终是由一般社会生产的规律所决定的,可以在一般社会生产规律的基础上揭示社会产品分配的规律;在商品社会中,商品交换过程,实质上是社会产品分配在商品经济社会形态中的实现形式和机制,因此,商品交换的规律和范畴必然以分配的规律和范畴为其内容,为分配的规律和范畴所决定。由此出发,我们提出了"价

---

① 马克思.马克思恩格斯全集(第25卷).北京:人民出版社,1974:978.
② 马克思.马克思恩格斯全集(第25卷).北京:人民出版社,1974:233.

格是价值的分配形式"这个基本观点,在劳动价值理论上建立起价格决定与价格运行理论。

马克思指出:"肤浅的表象是:在生产中,社会成员占有(开发、改造)自然产品供人类需要;分配决定个人分取这些产品的比例;交换给个人带来他想用分配给他的一份去换取的那些特殊产品;最后,在消费中,产品变成享受的对象。"① 这是马克思对庸俗经济学的批判,指出庸俗经济学仅仅浮在经济过程的表面现象上。这种肤浅认识的典型代表是詹姆斯·穆勒:"在商品生产出来并经过分配以后,为了再生产和消费,如果其中的各部分彼此交换,那是再方便不过的事。"② 这种肤浅认识的根本错误就在于把生产、分配、交换和消费看作孤立的互无联系的独立环节,不懂得这四个方面是互相联系、互相决定和互相影响的,不懂得它们之间有着内在的相互关系。对此应该引以为鉴。为了避免在研究中犯类似的错误,我们必须首先研究有关的一些生产、分配和商品交换之间的关系。

首先,生产和分配。

"生产既支配着生产的对立规定上的自身,也支配着其他要素。"③ 生产是决定的因素,生产决定着分配。这个问题,我们可以从两方面考察。首先,社会产品作为生产要素的分配必须符合生产的技术条件。如果分配不符合这个条件,社会生产就无法进行下去,分配也就不复存在。可见,分配首先由生产的技术条件,由保证再生产正常进行的条件决定。这是从生产一般,也就是单从生产力方面考察所得的结果。其次,"分配关系本质上和生产关系是同一的,是生产关系的反面"。④ 因此,社会产品的分配又是由生产关系决定的。在生产关系中,生产条件所有权具有决定性的作用。生产资料所有权决定着剩余产品的归属,剩余产品的归属不过是生产资料所有权的经济实现形式。例如,在资本主义社会中,"地租是土地所有权在经济上借以实现即增殖价值的形式。"⑤ 利润是除土地外的生产资料所有权的实现形式。由生产关系决定的分配往往又是由生产的一般条件或生产力的条件决定的分配的实现形式。例如,"利润,剩余价值的这种一定的形式,是在资本主义生产形式中新形成生

---

① 马克思.政治经济学批判.北京:人民出版社,1976:198.
② 季陶达.资产阶级庸俗经济学选辑.北京:商务印书馆,1963:147.
③ 马克思.政治经济学批判.北京:人民出版社,1976:209.
④ 马克思.马克思恩格斯全集(第25卷).北京:人民出版社,1974:993.
⑤ 马克思.马克思恩格斯全集(第25卷).北京:人民出版社,1974:698.

论价格直接基础或价值转化形式

产资料的前提"。①

由此可见,社会产品的分配最终是由一般社会生产的规律决定的,但是一般社会生产规律又是通过生产关系这一社会形式直接决定分配的,社会生产关系使得由一般社会生产规律决定的分配有了相应的特殊的分配关系形式。所以,在讨论分配时,必须区别什么是由一般社会生产的规律决定的,什么是由特殊的生产关系决定的。只有从这两方面考虑,才能全面了解分配。

其次,分配和商品交换。

这里,讨论的并不是一般的交换,而仅仅是商品交换。因此,我们的假设前提是:整个社会生产是完全的商品生产,每个生产单位都是完全独立的商品生产者,整个社会经济是由商品交换来联接的。

在这种纯粹形态的商品社会中,不存在一个统一的社会经济调节中心,因而社会产品不能由社会经济中心直接分配,社会产品的分配不能直接实现,只有通过商品交换来实现。所以,商品交换过程,实质上是社会产品分配在商品经济社会形态中的实现形式和机制。

商品交换是社会产品分配的实现形式和机制应从两方面考察:一方面是不同质的各种社会产品的分配,即不同使用价值的分配;另一方面是社会产品在不同生产部门和不同阶级之间量的分配。前者是直接表现出来的,是非常容易看到的。前面所引用的詹姆斯·穆勒的那段话,就是把交换看作不同质的产品在社会中的分配,这种分配使得社会的生产消费和个人消费都得到各自所需的各种产品。但是,他没有看到交换实质上也是社会产品量的分配。这正是庸俗经济学肤浅之处。科学的政治经济学的任务不是描述商品交换是不同质的产品的分配这一"肤浅的表象",而是要透过这一"肤浅的表象",揭示商品交换是社会产品量的分配这一隐藏在内部的经济过程和经济关系。在《资本论》中,马克思对资本主义社会的深刻分析,正是这样的典范。例如,劳动产品在资本家和工人之间的分配,不是通过资本家把劳动产品在资本和工人之间直接分配实现的,而是通过资本家购买劳动力这个商品的交换过程实现的。所以,劳动力商品与资本商品交换的过程,本质上正是社会产品在工人阶级和资本家之间分配的实现形式和机制。又如,剩余价值以平均利润的形式在资本家之间的分配,并不是通过资本家的统一议会或国家进行的,而是通过商品作为"资本的产品"的交换进行和实现的。所以,社会产品以"资本的产品"相交换的过程,本质上正是剩余价值在资本家之间分配的实现形式和

---

① 马克思. 马克思恩格斯全集(第25卷). 北京:人民出版社,1974:997.

机制。

既然商品交换是社会产品分配的实现形式和机制,那么,商品交换的规律和范畴必然以分配的规律和范畴为其内容,因而为分配的规律和范畴所决定。例如,商品以生产价格作为价格运动中心的规律,正是以剩余产品在资本家之间资本平均分配这一分配规律为内容,并为其所决定的。

既然商品交换的规律和范畴是由社会产品分配的规律和范畴决定的,而分配的规律和范畴又是由社会生产的规律和范畴决定的,那么,可见商品交换的规律和范畴最终是由社会生产所决定的[①]。社会生产的两个方面——生产的一般条件(即生产力的条件)和生产关系,通过它们所决定的分配,决定着商品交换的规律。

马克思曾指出:"生产既支配着生产的对立规定上的自身,也支配着其他要素。……而作为生产要素的分配,它本身就是生产的一个要素。"[②]所以,这种生产要素的分配,也决定着其他要素,自然也包括商品交换。我们所说的由生产的一般条件所决定的分配,就是马克思所说的这种作为生产要素的分配。

由此可见,要研究商品交换的规律和范畴,要研究商品的交换价值(价格直接基础),就必须深入研究社会产品分配的规律和范畴;不仅如此,还必须更深入一步研究生产过程的规律对社会产品分配的决定过程。本书将以生产—分配—交换的程序来进行研究。

(四)宏观经济与微观经济的关系

在这里,"宏观经济"是指就整个社会而言的经济过程,"微观经济"是指就各个经济单位而言的经济过程。生产总是社会的生产,经济过程总是社会的经济过程。各经济单位的经济过程不是孤立进行的,而是相互联系、相互交错、相互依存的。这些相互交错、相互依存的经济单位的活动总合起来,便构成整个社会的经济过程。因而,各经济单位都只是整个社会经济中的一个有机组成部分,不能脱离社会而独立存在。所以,微观经济是宏观经济的有机构成部分,微观经济要受到宏观经济的制约和决定,不能违背宏观经济规律和由宏观经济规律产生的对微观经济的规定性,这种规定性就形成微观经济的

[①] "交换就其一切要素来说,或者是直接包含在生产之中,或者是由生产决定。"对于生产价格,马克思就指出:"……从长期来看生产价格是供给的条件,是每个特殊生产部门商品再生产的条件。"(马克思.政治经济学批判.北京:人民出版社,1976:209;马克思.马克思恩格斯全集(第25卷).北京:人民出版社,1974:221.)

[②] 马克思.政治经济学批判.北京:人民出版社,1976:209.

规律。

另外，整个社会的经济活动总是通过各个经济单位的经济活动来实现的，没有经济单位的活动，也就没有整个社会的经济活动。

由此可见，微观经济的规律是由宏观经济的规律决定的，宏观经济的规律是通过微观经济实现的。所以，我们研究经济过程和经济规律时，可以从研究宏观经济的规律出发，进而研究微观经济的规律。

马克思对生产价格的研究，正是这样做的。马克思不是直接从单个资本自身出发，而是把单个资本看作社会总资本的一个组成部分；不是直接从单个资本的利润出发，而是从社会总利润出发。他指出：单个资本"不是得到了本部门生产这些商品时所生产的剩余价值或利润，而只是得到了社会总资本在所有生产部门在一定时间内生产的总剩余价值或总利润均衡分配时归于总资本的每个相应部分的剩余价值或利润。"①从而得出了平均利润，说明了生产价格。

本书将采用这种从宏观到微观的研究方法。

（五）关于数学方法

马克思不仅精通数学，而且很重视经济学中的数学应用，在《资本论》的写作中也使用了一定的数学方法。在价值价格理论研究中应该有效地使用数学方法。但是，在数学方法的应用中，需要掌握一些正确原则。

1. 马克思重视在经济学中使用数学方法

马克思非常重视在经济学中使用数学方法。马克思曾说过："一种科学只有在成功地运用数学时，才算达到了真正完善的地步。"②马克思在给恩格斯的信中说过"我不止一次地想计算出这些作为不规则曲线的升和降，并曾想用数学方式从中得出危机的主要规律（而且现在我还认为，如有足够的经过检验的材料，这是可能的）"。③

在《资本论》的写作过程中，马克思同样使用了数学方法。在《资本论》体系中，概念运动的每一步都伴随着对有关数量关系的论证。例如，在《资本论》中，研究剩余价值率时，马克思指出："为此，这里要运用数学上的一条定律，就

---

① 马克思.马克思恩格斯全集（第25卷）.北京：人民出版社，1974：177.
② 拉法格.回忆马克思恩格斯.北京：人民出版社，1957：73.
③ 马克思.马克思恩格斯《资本论》书信集.北京：人民出版社，1976：330.

是数学上运算变量和常量的定律,即运算常量同变量相加减的定律。"①在马克思的手稿中,对剩余价值率的推导,使用的就是微分学的方法(在当时,微分学是最先进的数学方法),马克思写道:"从严谨的数学的角度来看,这里阐述的观点也是正确的。因而,用微分计算,假设 $y=f(x)+C$,其中 C 是不变量。x 变为 $x+\Delta x$,不会改变 C 的值。因为不变量不发生变化,所以 $\Delta C=0$。可见,不变量的微分是 0。"②马克思由此说明了资本的"真实增值率"就是剩余价值率,也就是资本家对工人的剥削率,并进一步科学地揭示了资本主义的剥削本质和积累趋势。

不仅如此,马克思还对数学进行了专门研究。马克思对当时刚刚出现的微分学进行了专门研究,著有《数学笔记》。这本书深刻地揭示了微分学的哲学意义,至今仍具有重要的学术价值和理论意义。恩格斯指出:"马克思是精通数学的。"③

有些学者认为,数学不是政治经济学的工具,运用数学无法解决政治经济学的问题;有些学者认为马克思经济学排斥数学方法。实际上,这些观点都是误解。

2. 数学在经济学中的具体作用

人类对数量关系的研究,从古代就开始了。数学是对数量关系研究的专门科学,源于人们的生产和生活实践,随着社会实践的发展,人类对数量关系的认识越来越广泛,越来越深入。通过运用数学方法,人们可以对事物的数量关系进行分析,并为认识事物本质打下必要的基础。人类的经济活动,存在着普遍而复杂的数量关系,也正是从这种意义上,数学不仅是从事经济活动的必要工具,也是经济科学研究必不可少的方法之一。

第一,可以通过对经济中量的关系讨论,达到认识经济规律的目的。

例如,前面所提到的马克思"不止一次地想计算出作为这些不规则曲线的升和降,并曾想用数学的方式得出危机的主要规律"。马克思曾指出,固定资本的更新是资本主义经济周期的物质基础。实际上,在马克思的这个观点的基础上,用数学方法(差分方程)确实可以得出资本主义经济运动的周期性规律。

再如,马克思在《资本论》第三卷中研究利润率和剩余价值率的关系时,曾指出:"当利润和剩余价值在数量上被看作相等时,利润的大小和利润率的大小,就由在每个场合已定或可定的单纯的数量关系来决定。因此,首先要在纯

---

① 马克思.马克思恩格斯全集(第23卷).北京:人民出版社,1972:240.
② 马克思.马克思恩格斯全集(第47卷).北京:人民出版社,1979:195.
③ 恩格斯.反杜林论.北京:人民出版社,1970:8.

论价格直接基础或价值转化形式

粹数学的范围内进行研究。"[①]马克思确定了利润率公式

$$p = \frac{m}{C} = \frac{m}{c+v}$$

由此推得

$$p' = m'\frac{v}{C} = m'\frac{v}{c+v}$$

并且"由此推出利润率的各种规律"[②]。

第二,数学方法有助于使复杂问题简单化,使问题简单明了。

例如,关于价值与价格运动趋势的关系。按照马克思劳动价值理论:①价格由价值决定;②随着劳动生产率提高,商品的价值量将降低;③在历史的发展过程中,劳动生产率是不断提高的。直接看,似乎可以得出结论:随着历史的发展,商品的价格将降低。但是,我们看到的事实却是:在历史的发展过程中,在一般情况下,商品价格在不断提高。这被有些学者称为"一个谜"。但是,如果使用简单的分数,这个"谜"就成为一个很简单明了的问题。商品的价格可以用分数表达为

$$商品价格 = \frac{商品的价值}{货币的价值}$$

从这个简单的公式可以看到,当货币的价值比商品的价值下降得更快时,商品的价格将提高。而在历史的发展过程中,货币的价值确实比商品的价值下降得更快,因此,在商品价值降低的同时,商品的价格会提高。一个简单的数学公式,可以使"一个谜"变得像水一样清澈透明。

第三,利用数学方法可以解决一些用语言文字无法解决的经济学问题。

在经济学的研究过程中,会涉及一些问题,这些问题用语言文字是无法解决的,只能由数学方法解决。例如,著名的"价值转形问题"。"价值转形问题"实质上是生产价格精确值的计算问题,在这个计算中必须用到高等代数和矩阵理论,"佛罗比纽斯定律"是解决这个问题的必要知识。如果不使用这些数学方法,就不可能计算出生产价格的精确值,就不可能解决"价值转形问题"。

总之,数学方法能使我们比较精确地研究问题,同时又能使问题简单明了,一目了然;不仅如此,我们还能通过使用数学方法对经济过程中的数量关系作精确分析,了解经济过程中的规律性,甚至质的规律性。

---

① 马克思.马克思恩格斯全集(第25卷).北京:人民出版社,1974:58.
② 马克思.马克思恩格斯全集(第25卷).北京:人民出版社,1974:63.

3. 在经济学中使用数学方法应注意的问题

在经济学中使用数学方法需要注意以下几个问题。

首先,在经济学中所使用数学方法,要坚持"解决同样问题,方法越简单越好"的原则。数学在经济学研究中是一种工具和方法,是为研究经济问题服务的。使用数学方法,应该使对问题的认识和分析过程简单化,而不是使问题复杂化。在能解决同样的经济问题的前提下,越简单的数学方法,越是好方法。如果对可以用简单方法解决的问题使用过于复杂的数学方法,不仅不能达到简化研究过程的目的,有时反而会使对经济问题的认识走入误区,甚至得出错误的结论。因此,我们在使用数学方法时要尽量选择简单的方法。

其次,对于不同经济问题要使用不同的数学方法。在经济学研究的过程中会遇到不同的经济问题,这些经济问题的性质和特点是各不相同的,所以,要针对不同的经济问题,使用不同的数学方法。没有通用于所有经济问题的"万能"方法,同样也没有"万能"的数学方法。切忌在经济问题的研究过程中,机械性地使用同一方法。例如,现在经济学界有人喜欢使用高等代数的方法来认识和解决经济问题,不论什么样的经济问题,通通使用高等代数的方法,这是不恰当的;有人喜欢使用微分学的方法来认识和解决经济问题,不论什么样的经济问题,通通使用微分学的方法,这也是不恰当的。针对不同的问题应该使用不同的数学方法,不要千篇一律地形式主义地用同一种方法去表述和解决各种不同的问题。

最后,不要将数学方法作为一种包装。数学在经济学研究过程中只是一种方法、一种工具,对数学方法的运用是为了解决问题,千万不要把数学方法变成包装,变成一种纯粹的数学游戏。如果仅仅将在经济学中使用数学方法看作一种潮流,看作评价经济学水平高低的唯一标志,在研究过程中,为了用数学而用数学,反而忘记了对经济问题本身的研究,这时,数学就不再是经济学研究的工具和方法,而是变成了包装。这将不利于经济学的发展。

本书将在以上原则的基础上使用一定的数学方法进行研究和表述。

第一篇

价值与价格直接基础
（价值转化形式）

第一章 价值或价格最终基础

构成社会财富主体的劳动产品,对人类来说,一方面是消费的对象,"是人类需要的对象,最广义的生活资料。"①另一方面,是人类劳动的产物,"是社会生活的产物,是人的生命力消耗的结果,是物化劳动。"劳动产品,"作为社会劳动的化身,都是同一个统一物的结晶"②,因而作为社会劳动产品一个方面的社会物化劳动是一般的抽象人类劳动,是同质的、无差别的人类劳动。社会财富的分配,一方面是社会消费对象的分配,另一方面是物化劳动的分配③。这就是说,不仅消费对象构成分配的内容和实体,同样物化劳动也构成分配的内容和实体。不仅如此,社会物化劳动的分配还是一种社会劳动产品可计量、可比较量的分配④。因为劳动产品作为物化劳动只是一般的人类劳动,任何产品都是同质的,都可以用同一单位——劳动时间来计量和比较,所以,作为物化劳动,社会产品的任何分割部分也都是可计量和比较的。例如,假定:社会产品为100单位小麦、50单位钢、50单位布;生产100单位小麦耗费100单位劳动,生产50单位钢耗费200单位劳动,生产50单位布耗费100单位劳动,社会总耗费400单位劳动;甲分到30单位小麦、10单位钢、20单位布,用耗费的劳动计量是$30\times1+10\times4+20\times2=110$单位劳动;乙分到10单位小麦、30单位钢、10单位布,用耗费劳动计量是$10\times1+30\times4+10\times2=150$单位劳动。从耗费劳动角度,我们就可以计量出:甲分到社会总产品的$110/400=27.5\%$,乙分到社会总产品的$150/400=37.5\%$;并且可以比较甲、乙在社会总产品中所占份额的大小;乙所分到的份额是甲的$150/110=15/11$倍。

由此可见,凝结在社会产品中的抽象人类劳动构成社会财富可计量和可

---

① 马克思.政治经济学批判.北京:人民出版社,1976:11.
② 马克思.政治经济学批判.北京:人民出版社,1976:13.
③ "……社会劳动在各类生产之间的分配……""……这个社会劳动的分配……"(马克思.马克思恩格斯全集(第25卷).北京:人民出版社,1976:362,995.)
④ "劳动时间……也是计量生产者个人在共同产品的个人消费部分中所占份额的尺度。""而商品的价值则衡量商品对物质财富的一切要素吸引力的大小,因而也衡量所有者的社会财富"(马克思.马克思恩格斯全集(第23卷).北京:人民出版社,1975:96,153.)

论价格直接基础或价值转化形式

比较量的分配实体。

凝结在社会产品中的抽象人类劳动的分配是一切社会生产的条件,在一切社会生产中都存在。不过,在不同的社会生产形式中,它的表现形式不同。在商品经济中,社会产品的分配,不论在质方面,还是在量方面,都是通过商品交换进行和实现的。以凝结在社会产品中的劳动为实体的社会产品量的分配,也是通过商品交换进行和实现的。在这个过程中,商品只是作为一定量的凝结的劳动存在,作为一定量的凝结的劳动相互交换。[①] 所以,在商品经济中,作为分配实体的凝结在社会产品中的人类劳动就表现为交换实体。[②]

这里所说的作为交换实体的劳动,即人们相互交换的劳动,不是不同质的具体劳动,而是抽象的同质的人类劳动。这里所说的交换不是具体劳动的交换,而是作为分配实体的抽象劳动的交换,因为正是这种交换反映了人们在社会产品分配中的相互社会关系,进而反映了人们在社会生产中的相互社会关系,因而构成政治经济学的研究对象。

在直接的分配过程中,社会总量作为前提存在,然后才是社会总量划分为若干份,才是各生产部门、各社会集团、各个人所分到的分量。但是,在交换过程中,直接展现在人们面前的不是社会总量,而是一个个单个商品,人们看到的不是社会总量的划分,而是一个个单个商品之间的交换,社会总量不过表现为这些单个商品量的总和,表现为单个商品相加的计算结果。所以,凝结在社会产品中的人类劳动,作为分配实体,首先是社会总量,而作为交换实体,则首先表现为单个商品中所包含的量[③]。这种作为交换实体的凝结在商品中的抽象人类劳动就是商品的价值。

根据以上分析,可以看到:商品的价值,即凝结在商品中的抽象人类劳动,构成交换实体或内容,而这种交换实体不过是分配实体在商品经济中的表现形式。所以,商品的价值不过是生产商品耗费的劳动形成整个社会总劳动的一个有机组成部分的表现形式而已,也就是说,商品的价值不过是劳动的社会

[①] "……人们之间互相交换劳动的关系,则表现为商品与商品互相交换的关系。"(徐禾,等.政治经济学概论.北京:人民出版社,1973.)这就是说,商品的交换,实质上是劳动的交换。

[②] "在这种交换中,实体——价值量……"(马克思.马克思恩格斯全集(第23卷).北京:人民出版社,1975:127.)

[③] "在这里,单个商品是当作该种商品的平均样品"。接着在脚注里,马克思引了列特隆的一段话"全部同类产品其实是一个量,这个量的价格是整个地决定的,而不以特殊情况为转移"。(马克思.马克思恩格斯全集(第23卷).北京:人民出版社,1975:53.)

性在商品经济中的表现形式,不过是"用一个历史的发展了的形态,来表现劳动当作社会劳动力支出所有的社会性质"。①

由于商品的价值,即凝结在商品中的抽象人类劳动构成交换实体,因此它是商品的价格最终基础。

---

① 马克思.资本论(第1卷).郭大力,王亚南,译.北京:人民出版社,1953:1026.

第二章 价格直接基础与自然价格

第一节 价值转化为价格直接基础

价格最终基础并非就是价格直接基础,价格直接基础是直接决定商品市场价格运动中心的范畴,它是价值的转化形式。

先从已被人们认识的几个特殊的价值转化形式的共性出发,探讨价值转化形式一般范畴质的规定性。首先,在自由竞争资本主义时期,价值转化形式——生产价格,是由剩余价值在各生产部门的资本家之间按资本平均分配所形成的。其次,在垄断资本主义时期,价值转化形式——垄断价格,是由剩余价值以垄断利润的形式在各生产部门之间作有利于垄断资本的分配所决定和形成的。最后,在社会主义时期,虽然对于形成社会主义经济中的价格直接基础的价值转化形式,人们还存在不同的观点,但是"他们分歧的焦点则是剩余产品价值在各部门之间如何分配的问题。"[①]这就是说,人们已经认识到,在社会主义经济中,形成价格直接基础的价值转化形式也是由价值特别是剩余产品价值的分配决定的。由此可见,决定和形成价格直接基础的价值转化形式的共同点是价值,特别是剩余产品价值(剩余价值),在各生产部门之间的分配。由此可以得出一个一般性结论:形成价格直接基础的价值转化形式是由价值在各生产部门之间的分配所决定和形成的。价值在各生产部门之间的分配,是由社会生产的技术条件和社会生产关系两个方面决定的。所以,价格直接基础本质上就是由社会生产的技术条件和生产关系决定的应分配到各生产部门的价值。

上述推论虽然能够使我们了解到价格直接基础质的一般特征,但是它还不能构成真正的理论研究,还不能全面地说明价格直接基础质的规定性,所以必须在理论上作进一步深入的研究。

---

① 《经济研究》编辑部,《经济学动态》编辑部.建国以来政治经济学重要问题争论.北京:中国财政经济出版社,1981:206.

社会产品的分配是由社会生产的两个方面——生产力和生产关系决定的。所以,凝结在社会产品中的人类劳动在各生产部门之间分配,作为社会产品分配的一方面,也是由生产力和生产关系决定的。社会物化劳动必须按一定比例在生产部门之间分配,以保证社会再生产过程的正常进行,因此,它首先由社会生产的比例性规律决定。其次,社会物化劳动的分配又由生产条件的分配关系即社会生产关系所决定,并据此,按一定的比例在各社会集团和个人之间分配。

作为经济范畴,由社会生产所决定的应分配到各生产部门的物化劳动,同该生产部门生产商品所耗费的劳动,不仅有不同的内涵,而且在量上也不相等。因此,有必要把它们分别作为独立的范畴来考察。关于两者量上的不相等,在后面的章节中,将会讨论到一般情况。这里先以前节的例子作简单的说明。假定:钢的生产部门耗费200单位劳动,布生产部门耗费100单位劳动,小麦生产部门生产产品耗费100单位劳动,共计形成400单位物化劳动。为了简单明了,假定:必要劳动和生产资料转移到产品中的部分都等于零。按照这个假定,上述各生产部门提供的劳动都是剩余劳动。再假定:生产200单位劳动的钢需要3 000单位物化劳动的生产资料,生产100单位劳动的布需要700单位物化劳动的生产资料,生产100单位劳动的小麦需要300单位物化劳动的生产资料。在这种生产技术条件下,钢、布、小麦三个社会生产部门之间用生产资料价值表示的比例是3 000:700:300,即30:7:3。假定,400单位剩余物化劳动都用于社会扩大再生产。在社会生产比例性规律作用下,这400单位剩余物化劳动必须按30:7:3的比例在三个部门之间分配。钢生产部门应分配 $400 \times 30/40 = 300$ 单位,布生产部门应分配 $400 \times 7/40 = 70$ 单位,小麦生产部门应分配 $400 \times 3/40 = 30$ 单位。各生产部门应分配的物化劳动和本部门耗费的劳动之间量的差额为

钢生产部门:$300 - 200 = 100$ 单位

布生产部门:$70 - 100 = -30$ 单位

小麦生产部门:$30 - 100 = -70$ 单位

如果社会物化劳动按各生产部门耗费的劳动分配,则钢生产部门分得200单位剩余物化劳动,可扩大 $200/3\ 000 = 1/15$;布生产部门分得100单位剩余物化劳动,可扩大 $1/7$;小麦生产部门分得100单位剩余物化劳动,可扩大 $1/3$。这样,社会生产三个部门不能保证30:7:3的合理比例,社会生产就会比例失调。

上述例子虽然是假设的,并且作了一系列简化,但是,它足以说明社会各

论价格直接基础或价值转化形式

生产部门应分配的社会物化劳动和本部门生产过程中耗费的劳动在量上是有差别的,不相等的。因此,各生产部门应分配的物化劳动作为独立的经济范畴,有其存在的客观基础和理论上的必要性。

既然在商品经济中,社会产品的分配是通过商品交换实现的,那么,社会总物化劳动的分配也是通过商品交换实现的,社会各生产部门应分配的社会物化劳动是通过该生产部门生产的商品换回的物化劳动实现的。因此,在商品经济中,各生产部门应分得的社会物化劳动就表现为各生产部门生产的商品应换回的社会物化劳动。

一个生产部门生产的商品是由许许多多单个商品组成的,各生产部门之间的交换过程是由许许多多个单个商品之间的交换过程和许许多多个由若干个商品组成的商品组之间的交换过程综合而成的。不过这些商品组,相对该生产部门生产的商品总量,仍然是小量,是个量。为了简单,把这些交换都看作单个商品的交换或单个商品交换的组合。因此,每个生产部门换回的物化劳动是通过该生产部门的单个商品换回的物化劳动实现的。在商品经济中,单个商品的概念形成独立的最初的概念。因此,各生产部门应换回的物化劳动就首先表现为单个商品应换回的物化劳动。

在商品生产和商品交换中,一切都不是直接表现出来的,甚至是以相反的现象表现出来的;人们直接看到的不是由整个社会生产过程和生产关系决定了单个商品应换回一定量物化劳动,而是单个商品能换回一定量物化劳动,因而单个商品应换回的物化劳动就进一步表现为单个商品能换回物化劳动这样一种商品体本身物的属性。在商品经济中,物化劳动以价值形式存在,因此,"各生产部门应分配的物化劳动"这个范畴就表现为"单个商品换回一定量价值"这样一种特殊范畴。

既然"单个商品换回一定量价值"这一范畴本质上是"各生产部门应分配的物化劳动",那么根据本节开始的讨论可以看到,它正是形成价格直接基础的价值转化形式的一般范畴(这一论点,只有通过整个理论的阐述,才能得到充分的论证和认识)。

根据以上讨论,我们看到,形成价格直接基础的价值转化形式的一般范畴,不过是社会物化劳动分配在商品经济中的实现和表现形式。因此,它正是马克思在下面一段论述中所阐述的经济范畴:"这种按一定比例分配社会劳动的必要性,决不可能被社会生产的一定形式所取消,而可能改变的只是它的表现形式,这是不言而喻的。……在社会劳动的联系体现为个人劳动产品的私人交换的社会制度下,这种劳动按比例分配所借以实现的形式,正是这些产品的交换价值。"① 由此可见,商品的交换价值正是形成价格直接基础的价值转化形式,也正是商品换回一定量物化劳动或价值的属性。

在商品经济中,社会物化劳动寄于商品体之中,凝结于商品体之中,商品体是社会物化劳动的物质承担者,一个商品换回物化劳动是通过换回其他商品体而实现的,所以,商品的交换价值,是以商品换回一定量其他商品的属性表现出来的,或者说表现为换回一定量其他商品的能力。因此,亚当·斯密说:交换价值"表示由于占有某物取得的对他种货物的购买力。"② 马克思也在这个意义上使用了交换价值的概念。例如,在《资本论》中,马克思说:"从那时起,一方面,物满足直接需要的效用和物用于交换的效用的分离固定下来了。它们的使用价值同它们的交换价值分离开来。"③ 显然,这里,马克思把商品的交换价值等同于交换的效用。④

商品换回一定量其他商品的能力或效用又是通过商品与一定量其他具体商品的交换表现的。例如,x 量 A 商品有交换能力,是通过它与 y 量 B 商品,或 z 量 C 商品的具体交换表现和实现的。因此,商品换回一定量其他商品的能力,又以一种商品同另一种商品相交换的量的比例表现出来。由此,交换价值取得了它最表面、最简单的表现形式:

$$x \text{ 量 } A = y \text{ 量 } B = z \text{ 量 } C$$

这正是马克思指出的:"交换价值,初看起来,表现为一种使用价值同另一种使用价值的交换关系或比例"⑤

既然,商品的交换价值是通过商品换回的其他商品量实现的,商品之间交换比例不过是交换价值的表现和实现形式,那么,就可以得出结论:商品之间

---

① 关于马克思把交换价值归结为社会劳动的分配,我们可以找到一些证例。例如,"布阿吉尔贝尔……事实上把商品的交换价值归结于劳动时间,因为他用个人劳动时间在各个特殊产业部门间分配时所依据的正确比例来决定'真正价值'……"。(马克思.政治经济学批判.北京:人民出版社,1976:38.)

② 斯密.国民财富的性质和原因的研究.北京:商务印书馆,1981:25.

③ 马克思.马克思恩格斯全集(第23卷).北京:人民出版社,1975:106.

④ 再如,《政治经济学批判》第一章,一开始,马克思说:"每个商品表现出使用价值和交换价值两个方面。"在这句话的注中,引证亚里士多德的话:"因为每种货物都有两种用途……一种是物本身所固有的,另一种则不然,例如鞋,既可以用来穿,又可以用来交换。"我国也有学者明确地指出了这一点:"交换价值的准确意义应是:商品能够用于交换的效用或商品能够用于交换的有用属性。"(朱恩池.交换价值的我见[J].经济科学,1983(3):69.)

⑤ Karl Marx. Capital (Volume Ⅰ). Mosocow: Foreign Languages Publishing House, 1959:36.

论价格直接基础或价值转化形式

的交换比例是由商品的交换价值——商品应换回的价值或物化劳动直接决定的;或者说,交换价值形成商品交换比例的直接基础。

有一种流行的观点,把交换价值理解为商品或使用价值之间相交换的量的比例。其根据可能是《资本论》第一卷中文版的一段话:"交换价值首先表现为一种使用价值同另一种使用价值相交换的量的关系或比例……"①但是,马克思说的是,交换价值表现为使用价值的交换比例。就是说,这种使用价值的交换比例是交换价值的表现形式,不是交换价值本身。不仅如此,在恩格斯亲自校编的《资本论》英文版中,上面那句话为"Exchange－value, at frist sight, presents itself as……"②意思为:"交换价值,初看起来,表现为……"。或"乍一看表现为……"由此可见,在马克思、恩格斯看来,使用价值之间的交换比例不仅只是交换价值的表现形式,而且还仅仅只是最初步、最表面、最肤浅的表现形式。可见,把交换价值理解为"一种商品同另一种商品相交换的量的关系或比例",只抓住了交换价值的表现形式,而没有了解交换价值本身,因此是不准确的。

由于对"交换价值"有不同的理解,读者不一定同意本书对"交换价值"概念的说明。而避开这一问题并不影响本书所阐述的价格直接基础理论,所以,本书一律仅使用"价值转化形式"或"价格直接基础"这两个词汇。

前面,已经说明了,一个部门应分配的物化劳动与所耗费的劳动在量上是不相等的,而价格直接基础不过是应分配的物化劳动在商品经济中的表现形式,所以一个部门的商品总量的价格直接基础,进而单个商品的价格直接基础与其价值在量上也是不相等的。但是,价值是社会分配的内容和实体,而价格直接基础则不过是这个实体分配的形式③。因此,价值是价格直接基础的内容和实体,而价格直接基础则是价值的转化形式和表现形式,是价值的分配,所以,社会总产品的价格直接基础(价值转化形式)总和必然等于社会总价值量。本书第二篇将进一步说明这个问题。

---

① 马克思. 马克思恩格格斯全集(第23卷). 北京:人民出版社,1975:49.
② Karl Marx. Capital (Volume Ⅰ). Mosocow: Foreign Languages Publishing House, 1959:36.
③ "在价值的决定上所涉及的,只是社会一般劳动时间,只是社会一般可以支配的劳动量……"。(马克思. 马克思恩格斯全集(第25卷). 北京:人民出版社,1975:997.)"……这种劳动按比例分配所借以实现的形式,正是这些产品的交换价值。"(马克思. 马克思恩格斯《资本论》书信集. 北京:人民出版社,1976:282.)

第二节 价格直接基础量的规定性

一、价格直接基础量的一般模型

在本章第一节已经说明了：商品的价格直接基础不过是社会物化劳动分配在商品经济中的实现形式，社会物化劳动的分配又是由社会生产的两个方面——生产的技术条件和社会生产关系所决定的。所以，讨论商品价格直接基础量的规定性，就必须从社会生产所决定的社会物化劳动，即社会总价值量在各生产部门之间分配的量的规定性开始。我们知道，一个生产部门应分配的价值量也就是这个生产部门应换回的价值量，即这个部门生产的商品的总价格直接基础量。因此，虽然这两者是不同的范畴，在质上是不同的，但是，在量上却是相等的，是同一的，所以，在下面关于量的规定性的讨论中，我们不再区分两者，把应分配的价值量直接作为价格直接基础量。

我们假定，在整个社会生产中，每个生产部门只生产一种商品。用 W_i^T 表示整个社会中第 i 生产部门商品总量的价格直接基础量，用 w_i^T 表示第 i 生产部门生产的单个商品的价格直接基础量，用 q_i 表示第 i 生产部门生产的商品总数量。因为 $w_i^T = W_i^T / q_i$，只要确定了 W_i^T，w_i^T 也就确定了，所以，首先讨论 W_i^T。

一个生产部门的生产过程要正常进行，首先必须补偿生产中消耗的物化劳动，即生产中耗费的商品价值量。这个价值量包括工人消费的必要生活资料和生产过程中消费的生产资料两部分的价值量，通常被称为生产成本。可见，生产成本构成一个生产部门生产的商品总价格直接基础的第一部分。用 K_i 表示第 i 生产部门的生产成本，用 W_{1i}^T 表示 W_i^T 的第一个组成部分，则有

$$W_{1i}^T = K_i \qquad (2-2-1a)$$

在社会化大生产中，生产任何一种产品，都需要耗费和使用许许多多的其他种类社会产品，所以 K_i 是由社会各生产部门的产品的价值组成的。用 B_{ij} 表示第 i 生产部门的生产成本中包含的第 j 部门产品的价值量，则有

$$K_i = \sum_j B_{ij}$$

因此，式(2-2-1a)又可写为

$$W_{1i}^T = \sum_j B_{ij} \qquad (2-2-1b)$$

用 W_i 表示第 i 部门生产的商品的总价值量，用 $W = \sum_i W_i$ 表示社会商品的总价值量，用 $K = \sum_i K_i$ 表示社会总生产成本量，把 W 减去 K 剩下的部分

论价格直接基础或价值转化形式

叫作剩余产品价值量,记作 S,即 $S=W-K$。S 分作两部分,一部分用于扩大社会再生产(包含必要生活资料),一部分用于必要生活资料以外的社会生活消费。把前一部分记作 S_1,后一部分记作 S_2,有

$$S=S_1+S_2$$

S_1 在各生产部门的分配构成各个生产部门总产品价格直接基础的第二部分。用 S_{1i} 表示 S_1 中应分到第 i 生产部门的部分,用 W_{2i}^T 表示第 i 部门总产品价格直接基础量的第二部分,则有

$$W_{2i}^T=S_{1i} \qquad (2-2-2a)$$

既然 S_1 是用于扩大社会再生产的,那么,它的分配必须满足由技术条件决定的社会生产的比例性。用 C_i 表示第 i 生产部门在生产过程中所使用的社会产品(包括工人的必要生活资料和生产资料两部分)的价值量,用 $C=\sum_i C_i$ 表示社会总生产中所使用的社会产品的价值量。以 $\eta_i=C_i/C$ 表示第 i 生产部门在社会生产中所占用的社会产品的价值量的比例。用 t 表示要确定价格直接基础的时刻,取年为其单位。用 Δt 表示社会生产周期,即社会各生产部门的平均生产周期。用 $\Delta \eta_i$ 表示第 i 生产部门在一个周期中 η_i 的变化量,即

$$\Delta \eta_i = \eta_i(t+\Delta t) - \eta_i(t)$$

则有
$$\eta_i(t+\Delta t) = \eta_i(t) + \Delta \eta_i \qquad (a)$$

因为
$$C_i(t+\Delta t) = C(t+\Delta t)\eta_i(t+\Delta t) = [C(t)+S_1(t)]\eta_i(t+\Delta t)$$

又
$$C_i(t+\Delta t) = C_i(t) + S_{1i}(t)$$

所以
$$C_i(t) + S_{1i}(t) = [C(t)+S_1(t)]\eta_i(t+\Delta t)$$

移项,有
$$S_{1i}(t) = [C(t)+S_1(t)]\eta_i(t+\Delta t) - C_i(t)$$

将式(a)带入上式,并整理,得
$$S_{1i}(t) = S_1(t)\eta_i(t) + [C(t)+S_1(t)]\Delta \eta_i$$

简写为
$$S_{1i} = S_1 \eta_i + (C+S_1)\Delta \eta_i \qquad (b)$$

假定 $\eta_i(t)$ 是连续函数,根据微分中值定理,有

$$\Delta \eta_i = \frac{\mathrm{d}\eta_i(t+\theta \Delta t)}{\mathrm{d}t}\Delta t$$

其中,θ 为 0~1 之间的某个值。

令

$$t_x = t + \theta \Delta t$$

则有

$$\Delta \eta_i = \frac{\mathrm{d}\eta_i(t_x)}{\mathrm{d}t} \Delta t \qquad (c)$$

当 Δt 很小时,有近似公式:

$$\Delta \eta_i = \frac{\mathrm{d}\eta_i(t)}{\mathrm{d}t} \Delta t$$

简写为

$$\Delta \eta_i = \frac{\mathrm{d}\eta_i}{\mathrm{d}t} \Delta t \qquad (d)$$

将式(c)代入式(b),则有

$$S_{1i} = S_1 \eta_i + (C + S_1) \frac{\mathrm{d}\eta_i(t_x)}{\mathrm{d}t} \Delta t \qquad (b')$$

当 Δt 很小时,有近似公式:

$$S_{1i} = S_1 \eta_i + (C + S_1) \frac{\mathrm{d}\eta_i}{\mathrm{d}t} \Delta t \qquad (b'')$$

根据式(2-2-2a)和式(b)、式(b')、式(b")可得

$$W_{2i}^{\mathrm{T}} = S_1 \eta_i + (C + S_1) \Delta \eta_i \qquad (2-2-2b)$$

$$W_{2i}^{\mathrm{T}} = S_1 \eta_i + (C + S_1) \frac{\mathrm{d}\eta_i(t_x)}{\mathrm{d}t} \Delta t \qquad (2-2-2c)$$

和近似公式:

$$W_{2i}^{\mathrm{T}} = S_1 \eta_i + (C + S_1) \frac{\mathrm{d}\eta_i}{\mathrm{d}t} \Delta t \qquad (2-2-2d)$$

附带说明两个关于 η_i 的很有用的性质:

性质一:

$$\sum_i \eta_i = 1$$

证:

$$\sum_i \eta_i = \sum_i \frac{C_i}{C} = \frac{\sum_i C_i}{C} = \frac{C}{C} = 1$$

证毕。

性质二:

$$\sum_i \Delta \eta_i = 0$$

论价格直接基础或价值转化形式

证：
$$\sum_i \Delta \eta_i = \sum_i [\eta_i(t+\Delta t) - \eta_i(t)] = \sum_i \eta_i(t+\Delta t) - \sum_i \eta_i(t)$$

根据"性质一"，
$$\sum_i \Delta \eta_i = 1 - 1 = 0$$

证毕。

再来讨论 S_2 的分配。S_2 是用于生活消费的部分。它在各生产部门之间的分配构成各部门产品价格直接基础的第三部分。用 W_{3i}^T 表示第 i 生产部门总产品价格直接基础量的第三部分，用 S_{2i} 表示 S_2 应分到第 i 生产部门的部分，则有

$$W_{3i}^T = S_{2i} \tag{2-2-3a}$$

S_2 的分配与生产过程的技术条件完全无关，由生产关系确定。因而，在不同的社会生产关系中，S_2 的分配受不同的规律支配。

在资本主义经济中，S 以剩余价值的形式存在，S_2 是剩余价值的一部分，由资本家占有和消费。由于资本家是"作为人格化的、有意志和意识的资本执行职能"①，因此，S_2 按占有资本量的比例在各部门的资本家之间分配。又因为，资本正是生产过程中使用的价值 C 在资本主义经济中的表现形式，所以，S_2 按 $\sum_i \eta_i = C_i/C$ 在各部门的资本家之间分配，即

$$S_{2i} = \eta_i S_2$$

因此式（2-2-3a）可写为

$$W_{3i}^T = \eta_i S_2 \tag{2-2-3b}$$

在社会主义经济中，在生产资料占有关系和生产过程中，每个劳动者都处于平等地位。虽然这种平等地位是以按劳分配的形式实现的，并且每个工人提供的劳动量是有差别的，但是，每个生产部门中都有许多工人工作，这许多工人聚集在一起，就会消除他们之间的差别，使不同部门的同量劳动者能提供相等的劳动量②。因此，各生产部门提供的劳动量可以看作与各生产部门工

---

① 马克思. 马克思恩格斯全集（第23卷）. 北京：人民出版社，1975：174.

② "在每个产业部门，个别工人，彼得或保罗，都同平均工人多少相偏离。这种在数学上叫作'误差'的个人偏离，只要把较多的工人聚集在一起，就会互相抵销，归于消失。著名的诡辩家和献媚者艾德蒙·伯克甚至根据他当租地农场主的实际经验也懂得，只要有五个雇农，'这样小的队伍'，劳动的所有个人差别就会消失，因此任意五个成年英国雇农在一起，和其他任何五个英国雇农一样，可以在同样的时间内完成同样多的劳动。"（马克思. 马克思恩格斯全集（第23卷）. 北京：人民出版社，1975：359.）

人人数成正比，S_2 可看作按各生产部门工人人数的比例分配。用 T 表示整个社会工人总人数，T_i 表示第 i 部门工人人数，用 $L_i = T_i/T$ 表示第 i 部门工人数量在整个社会工人数量中占的比例，则有

$$S_{2i} = L_i S_2$$

因此，在社会主义经济中，有

$$W_{3i}^T = L_i S_2 \qquad (2-2-3c)$$

根据式(2-2-3a)和式(2-2-3b)，可得

$$W_{3i}^T = e_i S_2 \qquad (2-2-3d)$$

其中：

$$e_i = \begin{cases} \eta_i & \text{在资本主义经济中} \\ L_i & \text{在社会主义经济中} \end{cases}$$

社会总价值量 $W = K + S = K + S_1 + S_2$，到此已经被分配完毕，价格直接基础除 W_1^T, W_2^T, W_3^T 外再没有其他部分了。因此，第 i 生产部门总产品的价格直接基础可写为

$$W_i^T = W_{1i}^T + W_{2i}^T + W_{3i}^T \qquad (2-2-4a)$$

进一步可写为

$$W_i^T = K_i + S_{1i} + S_{2i} \qquad (2-2-4b)$$

再进一步可写为

$$W_i^T = \sum_j B_{ij} + S_1 \eta_i + (C + S_1) \Delta \eta_i + e_i S_2 \qquad (2-2-4c)$$

假定 $\eta_i(t)$ 是连续函数，还可写作

$$W_i^T = \sum_j B_{ij} + S_1 \eta_i + (C + S_1) \frac{d\eta_i(t_x)}{dt} \Delta t + e_i S_2 \qquad (2-2-4c')$$

并且有近似公式：

$$W_i^T = \sum_j B_{ij} + S_1 \eta_i + (C + S_1) \frac{d\eta_i}{dt} \Delta t + e_i S_2 \qquad (2-2-4c'')$$

将 $w_i^T = \dfrac{W_i^T}{q_i}$ 代入式(2-2-4c)、式(2-2-4c′)、式(2-2-4c″)，可得

$$w_i^T = \frac{1}{q_i} \Big[\sum_j B_{ij} + S_1 \eta_i + (C + S_1) \Delta \eta_i + e_i S_2 \Big]$$

$$(2-2-5a)$$

$$w_i^T = \frac{1}{q_i} \Big[\sum_j B_{ij} + S_1 \eta_i + (C + S_1) \frac{d\eta_i(t_x)}{dt} \Delta t + e_i S_2 \Big]$$

$$(2-2-5b)$$

论价格直接基础或价值转化形式

$$w_i^T = \frac{1}{q_i}\left[\sum_j B_{ij} + S_1\eta_i + (C+S_1)\frac{d\eta_i}{dt}\Delta t + e_i S_2\right]$$

(2-2-5c)

式(2-2-4)和式(2-2-5)就是根据价格直接基础(价值转化形式)是社会物化劳动分配的实现形式这一理论推出的商品价格直接基础量的公式。这些公式使我们看到,价格直接基础并非由单一因素简单决定,而是由社会生产的诸因素决定的。

二、关于价格直接基础量的精确值

在本节第一部分中,讨论了价格直接基础量的规定性,得出了价格直接基础的公式。但是,在这些公式中,没有考虑到这样一种情况:既然商品之间的交换比例是以价格直接基础量的比例直接决定的,那么,构成商品生产成本的是各商品的价格直接基础,而不是它们的价值;同样,构成已实现的商品价格直接基础的其他部分也是换回商品的价格直接基础,而不是它们的价值。因此,一类商品的生产成本,进而价格直接基础量是受其他许多种类商品的价格直接基础量影响的,同时,这类商品本身也构成自身和其他许多种类商品的生产成本及实现了的商品价格直接基础的其他部分,又影响着其他许多种类商品价格直接基础量,因而一类商品的价格直接基础量又直接和间接反回来影响着本身的价格直接基础量。可见,商品价格直接基础量是由整个社会全部种类商品相互影响、相互决定的。所以,虽然本节第一部分中的公式向我们说明了价格直接基础量的基本规律,说明了价格直接基础的各个构成部分,但是它们并不能确定价格直接基础量的精确值,由这些公式确定的价格直接基础量与价格直接基础量的精确值之间存在着一定的误差,还需进一步修正。

确定价格直接基础的精确值,修正第一节公式中的误差是一个非常复杂的数学问题,构成一个理论性和技术性很强的专门研究对象。在本书中,我们不作专门研究。①

---

① 这个问题,在《资本论》第三卷第九章,讨论生产价格理论时,马克思就曾指出过:"因为生产价格可以偏离商品的价值,所以,一个商品的包含另一个商品的这个生产价格在内的成本价格,可以高于或低于它的总价值中由加到它里面的生产资料的价值构成的部分。必须记住成本价格这个修改了的意义,因此,必须记住,如果在一个特殊生产部门把商品的成本价格看作和生产该商品时所消费的生产资料的价值相等,那就总可能有误差。对我们现在的研究来说,这一点没有进一步考察的必要。"(马克思. 马克思恩格斯全集(第25卷). 北京:人民出版社,1975:184-185.)

不过,为了使读者对这一问题有一个较为具体和清楚的了解,在本书第二篇中,将较为详细地讨论价格直接基础的一种特殊形式——生产价格的精确量。我们讨论生产价格的精确值,还是因为这一问题形成国际经济学界长期争论的"狭义转形问题",是在深层次上理解马克思主义经济学的关键之一。

第三节 自然价格

一、自然价格

随着商品经济的发展,金取得并独占了一般等价物的地位,形成货币。由商品和金的价格直接基础决定的商品与金的交换比例便形成了交换价值的特殊形式:

$$x \text{ 量 } A \text{ 商品} = y \text{ 量金}$$

众所周知,这正是商品的价格形式。

虽然市场价格会随着市场上的其他因素例如供求的变化不断波动,但是,这种由商品价格直接基础决定的价格构成市场价格运动的中心。当某商品的市场价格高于由价格直接基础决定的价格时,生产该商品的生产部门换回的物化劳动就大于应分得的物化劳动量,这个生产部门的生产就会过于扩大,其产品就会大于社会生产正常比例所确定的数量。供大于求,这些商品的价格必然下降。同时,其他一些生产部门换回的物化劳动就小于应分得的物化劳动量,生产规模就会缩小,其产量就会小于社会生产正常比例所确定的数量,供小于求,这些部门生产的商品的价格必然上涨。最终都达到由价格直接基础决定的价格水平。当某商品的市场价格低于由价格直接基础决定的价格时,生产该商品的生产部门换回的物化劳动就小于应分得的物化劳动量,同时其他某些部门换回的物化劳动就大于应分得的物化劳动量。在这种情况下,就会发生相反的运动,最终也达到由价格直接基础决定的价格。

从本质上看,当商品的价格偏离由价格直接基础决定的价格时,社会物化劳动的分配,就不能保证社会生产的比例性,就会导致比例失调。这时,社会生产比例性规律就会迫使价格运动,回到由价格直接基础决定的价格,无论这一运动过程是以市场调节的方式,还是以计划调节的方式来实现。

论价格直接基础或价值转化形式

市场价格围绕由价格直接基础决定的价格运动的过程可以用图 2-3-1 表达。

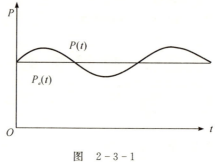

图 2-3-1

图 2-3-1 中，$P_e(t)$ 是价格直接基础决定的价格，$P(t)$ 是市场价格。市场价格围绕价格直接基础决定的价格的运动，将在本书第二篇详细论述。

把这种构成商品市场价格运动中心的、由价格直接基础决定的价格称为自然价格。称其为自然价格，主要是因为，这个价格完全由社会生产的客观规律决定，不以人们的主观意志为转移，像自然规律一样存在着并发生着作用，决定商品的价格及其运动。

在金作为货币，交换价值取得价格形式的条件下，商品交换不再是物物交换，而是以货币为媒介的商品流通了。本章第二节只谈了物物交换时价格直接基础的实现问题。这里还必须简单谈一下，在货币作为流通手段时，商品价格直接基础的实现问题。

货币虽然是一种特殊的商品，但毕竟也是商品，因而直接决定货币和商品交换比例的也是价格直接基础，而不是价值本身；同样，货币的价格直接基础量也不与价值量相等，所以，商品换回的货币所包含的价值量并不等于商品本身的价格直接基础量。例如，假定：一件商品 A 的价格直接基础量＝10，一元金币的价格直接基础量＝15，但一元金币的价值量＝10。这样，一件商品 A 换回一元金币，换回的价值量＝10。商品 A 的价格直接基础没有实现。但是，在商品流通中，货币只起媒介作用，它的出现"只是为了马上又消失"[①]；货币这个"商品的交换价值的独立表现只是转瞬即逝的要素。它马上又会被别的商品代替。"所以，虽然商品 A 换回的货币所包含的价值量，不能使商品的价格直接基础得以实现，但是，商品 A 换回的货币又会换成许许多多种类的

---

①② 马克思.马克思恩格斯全集(第23卷).北京:人民出版社,1975:148.

其他商品,这些商品就会使商品 A 的价格直接基础得到实现。因此,价格直接基础取得价格形式,货币媒介的商品交换,并不影响价格直接基础的实现。

在货币媒介的商品流通中,货币的出现只是为了"消失",为了换回其他许许多多种类的商品,因此,对于同货币交换的商品来说,在质上,货币代表着任何一种商品,代表着市场上全部种类的商品,而市场上全部种类商品的价格直接基础总和等于它们的价值总和。又因为,在商品流通过程中,作为流通手段,货币可以只是价值量的代表,只是价值符号[①]。

所以,在流通中,货币也可以代表与本身价格直接基础量相等的价值量,成为这个价值量的符号和象征。所以,即使单个商品与货币交换也可以看作商品的价格直接基础得到了实现。

二、自然价格量的确定

价格直接基础量确定之后,自然价格量也就非常容易确定了。因为一个商品的自然价格就是这个商品的价格直接基础与作为货币的金的价格直接基础的比例。

用 w_g^T 表示单位金币的价格直接基础,P_i 表示第 i 生产部门的单位商品的自然价格,则有

$$P_i = \frac{w_i^T}{w_g^T} \qquad (2-3-1)$$

令

$$E = \frac{1}{w_g^T}$$

则

$$P_i = E w_i^T \qquad (2-3-2)$$

由式(2-3-2)可见,商品的自然价格与其价格直接基础成正比(比例系数为 E),因此,自然价格能够成为价格直接基础的表现,能够表现价格直接基础;另一方面,只要掌握了商品的价格直接基础体系,也就掌握了商品的自然价格体系。所以,重要的工作在于确定商品的价格直接基础体系。

举一个数例来说明自然价格的确定。

[①] "作为流通手段的金同作为价格标准的金偏离了,因此,金在实现商品的价格时不再是该商品的真正等价物。……流通过程的自然倾向是要把铸币的金存在变成金的假象,铸币变成它的法定金属含量的象征。"(马克思. 马克思恩格斯全集(第23卷). 北京:人民出版社,1975:45.)

论价格直接基础或价值转化形式

假定：A 部门单位商品的价格直接基础 $w_1^T=4$，B 部门单位商品的价格直接基础 $w_2^T=2$，单位金币的价格直接基础 $w_g^T=2$。

根据式(2-3-1)，有

$$P_1=4/2=2$$
$$P_2=2/2=1$$

再由式(2-3-2)来计算：

$$E=\frac{1}{w_g^T}=\frac{1}{2}=0.5$$
$$P_1=0.5w_1^T=2$$
$$P_2=0.5w_2^T=1$$

结果与式(2-3-1)的计算结果相同。但是式(2-3-2)能使我们更加清楚地看到商品价格直接基础与自然价格的关系。

本 章 小 结

从本章的讨论中，首先看到，商品的市场价格及其运动是由自然价格规定和制约的；商品的自然价格是价格直接基础的特殊表现形式，是由价格直接基础决定的；商品的价格直接基础是价值转化形式，是由社会生产方式决定的社会总物化劳动(总价值量)的分配规律所确定的，价值是价格直接基础的实体和内容，价格直接基础是价值的表现形式。因此，虽然价格直接基础(例如，生产价格)会偏离商品的价值，但是价格最终仍是由价值所决定的，价值是价格的最终基础。其次看到，要把握价格的规律，把握价格运动的中心，只简单地了解价值这个最抽象的范畴是不够的，还必须把握这个抽象范畴的具体形式、它的转化形式——价格直接基础，而这个具体形式又是由社会产品的分配规律所决定的，所以研究社会生产的两个方面——社会生产的技术条件和社会生产关系所决定的社会物化劳动的分配规律，便构成研究价格规律和把握价格运动中心的重要对象。最后看到，商品的价值和价格直接基础表现着人们在生产中的社会关系，价值表现着劳动的社会性，价格直接基础表现着社会劳动产品在人们之间的分配关系；但是，在商品经济中，这些关系都被物掩盖着，表现为个体物的属性。

第三章 价格直接基础形式的历史演化（一般理论模型的验证）

在前两章,分别从质和量两方面阐述了价格直接基础(价值转化形式)理论。但是,这个理论的正确性,除了逻辑上的证明外,还需要用现实的历史来验证。在经济历史上,存在着三种已经为人们所认识的价格直接基础:在简单商品生产时期,价格直接以价值为基础;在自由竞争资本主义商品生产时期,价格以生产价格为直接基础;在垄断资本主义商品生产时期,价格以垄断价格为直接基础。将每个经济历史时期的经济条件代到前两章的理论中,如果能够得出相应历史时期的价格直接基础,我们的理论就得到验证;如果不能得出相应经济历史时期的价格直接基础,就说明本篇的理论存在问题,甚至是不能成立的。本章,就来做这项工作。

第一节 简单商品生产的价格直接基础

在简单商品生产时期,生产过程有如下特点。

第一,各生产部门主要都是手工操作,生产资料都不过只是手工工具和原料,因而各生产部门在生产过程中使用的生产资料包含的物化劳动(C_c)与工人消费的必要生活资料包含的物化劳动(C_v)之比(C_{ci}/C_{vi})的差别不大,可以假定它们相等,并用(C_c/C_v)表示社会平均比例,则有条件一:

$$\frac{C_{ci}}{C_{vi}} = \frac{C_c}{C_v}$$

第二,生产基于手工劳动,生产过程的技术条件变化得很缓慢,因而在一个生产周期(Δt)内,各生产部门在社会生产中所占的比例(η_i)变化很小,可以假定它不变化,则有条件二:

$$\Delta \eta_i = 0$$

第三,"所有权似乎是以自己的劳动为基础的。至少我们应当承认这样的

论价格直接基础或价值转化形式

假定,因为互相对立的仅仅是权利平等的商品所有者,占有别人商品的手段只能是让渡自己的商品,而自己的商品又只能是由劳动创造的。"① 因此,S_2 的分配只能按各部门提供的劳动在社会提供的总劳动中占的比例分配,即

$$S_{2i} = \frac{C_{vi}+S_i}{C_v+S} S_2$$

因此有条件三:

$$e_i = \frac{C_{vi}+S_i}{C_v+S}$$

再假定各生产部门的剩余产品价值率 $s_i \left(=\frac{S_i}{C_{vi}}\right)$ 相等 $\left(=\frac{S}{C_v}\right)$,即

$$s_i = s$$

将"条件二"代入价格直接基础量的一般公式式(2-2-4b):

$$W_i^T = K_i + S_1 \eta_i + (S_1 + C)\Delta\eta_i + e_i S_2$$

得

$$W_i^T = K_i + S_1 \eta_i + e_i S_2$$

根据第二章第二节 η_i 的定义及"条件一"有

$$\eta_i = \frac{C_{vi}}{C_v} \qquad (3-1-1)$$

证:

$$\eta_i = \frac{C_i}{C} = \frac{C_{ci}+C_{vi}}{C_c+C_v} = \frac{\frac{C_{ci}}{C_{vi}}+1}{\frac{C_c+C_v}{C_{vi}}} = \frac{\frac{C_c}{C_v}+1}{\frac{C_c+C_v}{C_{vi}}} =$$

$$\frac{\frac{C_c+C_v}{C_v}}{\frac{C_c+C_v}{C_{vi}}} = \frac{C_{vi}}{C_v}$$

证毕。

根据假定有

$$e_i = \frac{C_{vi}+S_i}{C_v+S} = \frac{C_{vi}(1+s_i)}{C_v(1+s)} = \frac{C_{vi}}{C_v}$$

因此,有

---

① 马克思. 马克思恩格斯全集(第 23 卷). 北京:人民出版社,1975:640.

$$W_i^T = K_i + S_1 \frac{C_{vi}}{C_v} + S_2 \frac{C_{vi}}{C_v} =$$

$$K_i + S\frac{C_{vi}}{C_v} = K_i + sC_{vi} = K_i + S_i$$

一个部门的生产成本加上这个部门生产的剩余产品价值,正是这个部门生产的商品总量的价值量,因而有

$$W_i^T = W_i$$

即商品的价格直接基础等于其价值量。

由此可见,根据公式得出的结论与简单商品生产时期的现实价格直接基础一致。

第二节 自由竞争资本主义的价格直接基础

一、工场手工业资本主义

机器大工业前的资本主义生产方式,主要是工场手工业。工场手工业的技术基础与简单商品生产时期相同,都以手工劳动为基础。正如马克思指出的"就生产方式本身来说,例如初期的工场手工业,除了同一资本同时雇佣的工人较多以外,和行会手工业几乎没有什么区别。"[①]因此,在简单商品生产时期由技术条件决定的条件一:

$$\frac{C_{ci}}{C_{vi}} = \frac{C_c}{C_v}$$

和条件二:

$$\Delta \eta_i = 0$$

仍然存在。

由于是资本主义经济,所以有条件三:

$$e_i = \eta_i$$

仍然假定:

$$S_i = S$$

将上述条件和假定代入价格直接基础的一般公式,得

[①] 马克思.马克思恩格斯全集(第23卷).北京:人民出版社,1975:358.

论价格直接基础或价值转化形式

$$W_i^T = K_i + S\eta_i$$

其中

$$S\eta_i = S\frac{C_i}{C} = \frac{S}{C}C_i$$

我们知道,S/C 正是平均利润率。用 r 表示平均利润率,$\overline{\pi_i}$ 表示第 i 部门的平均利润,则有

$$S\eta_i = rC_i = \overline{\pi_i}$$

所以

$$W_i^T = K_i + \overline{\pi_i}$$

即,价值直接基础(价值转化形式)等于生产成本加平均利润,这正是生产价格。

同时,

$$W_i^T = K_i + S\eta_i$$

根据条件一和第一节的讨论,有

$$S_i = S\eta_i$$

将其代入

$$W_i^T = K_i + S\eta_i$$

得

$$W_i^T = K_i + S_i$$

又

$$K_i + S_i = W_i$$

故

$$W_i^T = W_i$$

即,价格直接基础正好等于价值量。

由此可见,在工场手工业资本主义时期,价格直接基础(价值转化形式)等于生产价格,同时也等于价值;价格以生产价格为直接基础,同时也直接以价值为直接基础。这是因为,在"条件一"

$$\frac{C_{ci}}{C_{vi}} = \frac{C_c}{C_v}$$

即,各生产部门资本有机构成相等的条件下,平均利润恰好与剩余价值相等,即

$$\overline{\pi_i} = S_i$$

所以,生产价格恰好与价值相等。

二、机器大工业资本主义

经过产业革命,机器被大规模地引入生产过程,使生产资料的比重,即过去已经物化的劳动的比重大大增加①;同时,各生产部门之间使用的生产资料量的差别也扩大了;生产过程中使用的生产资料包含的物化劳动与劳动者必要生活资料包含的物化劳动之比的差别也扩大了。因此,有条件一:

$$\frac{C_{ci}}{C_{vi}} \neq \frac{C_c}{C_v}$$

但是,"当时,生产集中和社会化程度还不很高,企业规模较小,经营分散,……总的说来社会生产力的发展还是比较平稳的。"②因而社会各生产部门在总社会生产中占的比例变化仍然较为缓慢,在一个生产周期(Δt)内这个比例变化量仍然较小,所以可以假定它不变化,即条件二:

$$\Delta \eta_i = 0$$

由于是资本主义,所以有条件三:

$$e_i = \eta_i$$

仍然假定:

$$S_i = S$$

把"条件二""条件三"和假定代入价格直接基础的一般公式,得

$$W_i^T = K_i + S\eta_i = K_i + \overline{\pi_i}$$

即价格直接基础等于生产价格。

因为有"条件一":

$$\frac{C_{ci}}{C_{vi}} \neq \frac{C_c}{C_v}$$

所以

$$\overline{\pi_i} = S\eta_i \neq S_i$$
$$W_i^T \neq W_i$$

由此可见,当生产资料大规模引入生产过程时,价值转化形式以生产价格的形式与价值分离开来,形成价格直接基础。就生产价格的内容,即就构成生

---

① "只是在大工业中,人才学会让自己过去的、已经物化的劳动的产品大规模地、像自然力那样无偿地发生作用。"(马克思.马克思恩格斯全集(第23卷).北京:人民出版社,1975:425.)

② 许涤新.政治经济学辞典(中册).北京:人民出版社,1980:78.

论价格直接基础或价值转化形式

产价格的物化劳动或价值量来说,生产价格的主要部分:K_i 和 $S_1\eta_i$,并不是由资本主义生产形式决定的,而是由社会再生产的条件决定的。因而,就这个方面而言,"生产价格是供给的条件,是每个部门商品再生产的条件"。资本主义生产方式决定的是 S_2 在资本家之间的分配,即 $S_2\eta_i$;决定的是 $S_1\eta_i$ 以平均利润的形式归资本家占有;决定的是生产价格以不同部门之间资本家的竞争来实现这一实现形式。

从本节的讨论中,我们看到,由本篇公式得出的结论恰好与自由竞争资本主义时期的价格直接基础相一致。因此,我们的理论再一次得到了验证。

第三节 垄断资本主义价格直接基础

一、垄断价格理论现状

关于垄断资本主义时期的价格体系特征,人们往往认为:垄断组织销售商品所规定的垄断价格,是由这种商品的生产成本加上垄断利润构成的,一般高于自由竞争条件下形成的生产价格。垄断组织向非垄断企业和小生产者购买生产资料所规定的垄断价格,则低于这些商品在自由竞争条件下的生产价格或价值。前者被称为垄断高价,后者被称为垄断低价。但是,这种对垄断价格的描述并没有告诉我们:垄断高价和垄断低价量的规定性是什么,它们量的限界是什么。也没有告诉我们:这种垄断价格的基础是什么,它是由生产过程本身的规律决定的,还是对生产过程本身规律的违背。

关于垄断价格形成的原因,人们往往认为:由于垄断统治限制了资本在各部门之间的自由转移,价值转化为生产价格的过程受到了阻碍;同时,由于垄断组织垄断了商品的生产和销售,因而商品的市场价格就主要表现为垄断价格。但是,我们知道,资本在各部门之间的自由流动,只是生产价格的一种实现形式或过程,而不是生产价格本身的原因。因此,资本在各部门之间转移受到限制,只是规律实现机制的变化,只是实现形式的变化,并不能说明生产价格转化为垄断价格的原因,并不能说明垄断价格为什么是比生产价格高出(或低出)A 量,而不是 B 量。资本的自由转移受到限制,只能说明这个比生产价格高出(或低出)A 量的垄断价格是怎样实现的,但不能说明它本身及其原因。

为了说明垄断组织对生产和销售的垄断不能决定价格的规律,还可以假定所有生产部门都形成了垄断,都由垄断资本经营。在这种典型的垄断资本主义经济中,无法再用垄断来说明价格的规律了,因为,如果所有部门都是垄断高价,也就没有垄断高价了。

由此可见,目前关于垄断资本主义时期价格基础的理论还是非常不成熟的,在垄断价格量的规定性方面更是如此。因此,这一节,一方面,是本篇理论的验证;另一方面也是本篇理论的应用,应用本篇的理论讨论垄断资本主义时期的价格直接基础的规律及其量的规定性。

二、生产过程的一个重要特点

由于本篇的理论是从生产过程说明价格体系的,所以必须首先说明一个与垄断价格有关的生产过程的重要特点。

我们知道,在垄断资本主义时期,垄断资本主义企业占统治地位的生产部门,利润高于平均利润,其产品价格高于生产价格;非垄断中、小资本主义企业占统治地位的生产部门,利润低于平均利润,其产品价格低于生产价格。

我们还知道,垄断资本主义企业占统治地位的生产部门主要是许多重工业生产部门(生产生产资料的部门、耐久消费品生产部门和宇航、军事等工业生产部门);非垄断中、小资本主义企业占统治地位的生产部门则主要是许多轻工业部门。"例如,在美国的皮鞋、缝纫、纺织和食品部门中,拥有 100~490 名工作人员的企业分别占该部门工作人员总数的 62.3%、43.7%、41.8% 和 41.4%。……在美国的木材加工和印刷部门中,拥有 1~49 名工作人员的企业分别占该部门工作人员总数的 42.7% 和 30.7%。"①在日本,"在衣食和住中,分别有 80%,90% 和 30% 以上由中、小企业提供。"②除此之外,在某些零件加工业中,中、小企业也占统治地位。

虽然,垄断资本主义大企业占统治地位的生产部门不一定只限于重工业各部门,也不一定是全部重工业部门,同时,非垄断中、小企业占统治地位的生产部门,不一定只限于轻工业各部门,也不一定是全部轻工业部门,但是为了使研究较为简单,我们只从典型的垄断企业占统治地位的重工业部门和非垄断中、小企业占统治地位的轻工业的主要部门来进行研究(见表3-1-1)。

---

① 伊诺泽姆采夫,等.现代垄断资本主义政治经济学(上册).上海:上海人民出版社,1978:143.

② 肖德周,等.政治经济学(帝国主义部分)若干问题浅析.北京:中国人民大学出版社,1981:143.

表 3-3-1　1938—1973 年资本主义世界经济中工业生产的部门结构变动

	1938—1973年的增长率/(%)（1938=100）	各部门的比例/(%)		1973年对1938年比例的变化率/(%)	平均年比例变化率/(%)
		1938 年	1973 年		
所有部门	585	100	100		
采掘工业	365	11	7	−36.4	−1.28
动力工业	13810	4	8	100	2
轻工业部门	365	45	27	−40	−1.15
其中：					
食品工业	345	16	10	−37	−1.35
纺织工业	300	9	4	−55.6	−2.29
重工业部门	850	40	58	45	1.07
其中：					
化学工业	1320	7	15	114.3	2.2
冶金工业	510	8	7	−12.5	−0.38
金属加工工业	960	20	32	60	1.35

资料来源：联合国《1968年统计年鉴》；《1973年统计年鉴》；《1972年国民经济统计年鉴》；《统计月报》，1974年8月。

从表 3-3-1 看到，正是那些垄断资本主义大企业占统治地位的重工业生产部门，在国民经济中占的比例日益扩大，而那些非垄断中、小企业占统治地位的轻工业部门在国民经济中占的比例日益缩小。

因为"表 3-3-1"的部门结构是用产值计量的，而重工业各部门的资本有机构成和资本占有率往往比轻工业各部门的资本有机构成和资本占有率高得多，所以，如果用各部门的资本占有量比例（η_i）来计量部门结构，上述变化趋势就会更加明显，变化率就会更大。这一点，可以从"工业固定资本投资总额的部门构成"与"工业总产值的部门构成"的比较中清楚地看到。例如，1974年，在美国，电力工业在工业总产值中的比例为2.9%，而在工业固定资本投资总额中的比例为25%；煤炭和石油工业在工业总产值中的比例为7.7%，而在工业固定资本投资总额中的比例为11%；但是，纺织工业在工业总产值中的比例为3.7%，而在工业固定资本投资中的比例却只为1%；食品工业在工业总产值中的比例为16.4%，而在工业固定资本投资总额中的比例却只有5%。① 由于在工业中,重工业的投资比例比其产值比例要高,所以资本占有量的比例(η_i)会比产值量的比例增加得更快;相反,轻工业投资比例小于产值比例,所以资本占有量的比例(η_i)会比产值比例减少得更快。

根据以上这些现象,可以看到与垄断价格体系有关的一个生产过程的重要特点是:那些利润高于平均利润,价格高于生产价格的生产部门,正是在国民经济中占的比例日益提高的生产部门;那些利润低于平均利润、价格低于生产价格的生产部门,正是在国民经济中占的比例日益减小的生产部门。这个特点又可作如下表述:

(1) $\Delta\eta_i \neq 0$。

(2) $\Delta\eta_i > 0$ 的生产部门,垄断价格高于生产价格,是垄断高价;$\Delta\eta_i < 0$ 的生产部门,垄断价格低于生产价格,是垄断低价。

三、用价格直接基础一般模型讨论垄断价格

现在,就用本篇的理论,从生产过程的特点出发,讨论垄断价格及其量的规定性。

在垄断资本主义时期,各生产部门资本有机构成仍然是不相等的,即仍有条件一:

$$\frac{C_{ci}}{C_{vi}} = \frac{C_c}{C_v}$$

根据前面的讨论可知,由于科学技术的突飞猛进,各生产部门的资本占有量在社会生产的资本总量中的比例(η_i)变化不再是缓慢的,而是较快的,所以有条件二:

$$\Delta\eta_i \neq 0$$

由于仍然是资本主义生产,所以仍然有条件三:

$$e_i = \eta_i$$

仍然假定:

$$S_i = S$$

将上述条件和假定代入价格直接基础的一般公式,得垄断资本主义时期价格直接基础量的规定性:

$$W_i^T = K_i + S\eta_i + (C + S_1)\Delta\eta_i \qquad (3-3-1)$$

---

① 资料来源:《国外经济统计资料》(1949—1976)。

论价格直接基础或价值转化形式

式(3-3-1)中后两项之和是第 i 生产部门的利润,用 π_i 表示,则有

$$\pi_i = S\eta_i + (C + S_1)\Delta\eta_i \qquad (3-3-2)$$

式(3-3-1)又可写为

$$W_i^T = K_i + \pi_i$$

$S\eta_i$ 是按平均利润率计算的平均利润,用

$$\overline{\pi_i} = S\eta_i \qquad (3-3-3)$$

表示。

从式(3-3-1)~式(3-3-3)中可以看到,当 $\Delta\eta_i > 0$ 时,

$$\pi_i > \overline{\pi_i}$$

$$W_i^T > 生产价格(K_i + \overline{\pi_i})$$

当 $\Delta\eta_i < 0$ 时,

$$\pi_i < \overline{\pi_i}$$

$$W_i^T < 生产价格(K_i + \overline{\pi_i})$$

这就是说,当一个生产部门的资本占有量在社会生产中占的比例日益增大时,这个部门的利润就大于平均利润,该部门产品的价格直接基础量就大于生产价格;相反,当一个部门的资本占有量在社会中占的比例日益减小时,这个部门的利润就小于平均利润,该部门产品的价格直接基础量就小于生产价格。

从前面的讨论中已知,垄断资本主义大企业占统治地位的重工业等各生产部门的资本占有量在社会生产中占的比例日益增大,用下标 mi 表示这些部门,即

$$\Delta\eta_{mi} > 0$$

因此有

$$\pi_{mi} > \overline{\pi_{mi}}$$

$$W_{mi}^T > 生产价格$$

即垄断资本主义大企业占统治地位的生产部门,利润高于平均利润,其产品的价格直接基础高于生产价格。

我们还知道,非垄断中、小企业占统治地位的轻工业等部门,其资本占有量在社会生产中占的比例日益减小,用 ni 表示这些部门,即

$$\Delta\eta_{ni} < 0$$

因此有

$$\pi_{ni} < \overline{\pi_{ni}}$$

$$W_{ni}^T < 生产价格$$

即非垄断中、小企业占统治地位的生产部门,利润低于平均利润,其产品的价格直接基础低于生产价格。

由此可见,从本篇理论得出的结论正好与垄断资本主义时期的价格现象一致。本篇的理论又一次得到了验证。

还可以进一步考察各生产部门利润与平均利润偏离的程度。这个偏离程度同时决定和描述着各生产部门价格直接基础量与生产价格偏离的程度。

分别用 $\Delta\pi_i = \pi_i - \overline{\pi_i}$ 和 $\Delta\pi_i/\overline{\pi_i}$ 表示各部门利润与平均利润的偏离量和偏离程度。

根据式(3-3-2)和式(3-3-3),有

$$\frac{\Delta\pi_i}{\overline{\pi_i}} = \frac{(C+S_1)\Delta\eta_i}{S\eta_i} = \left(\frac{C}{S} + \frac{S_1}{S}\right)\frac{\Delta\eta_i}{\eta_i}$$

我们知道,$S/C=r$ 是平均利润率,S_1/S 是社会剩余价值中用于积累的比例,用 γ 表示,则有

$$\frac{\Delta\pi_i}{\overline{\pi_i}} = \left(\frac{1}{r} + \gamma\right)\frac{\Delta\eta_i}{\eta_i} \qquad (3-3-4)$$

由此可见,影响各部门利润与平均利润偏离程度的有三个因素:①$\Delta\eta_i/\eta_i$,而不只是 $\Delta\eta_i$;②平均利润率;③剩余价值积累率。下面再来讨论这三个因素各自对 $\Delta\pi_i/\overline{\pi_i}$ 的作用方向和程度。

$$\frac{\partial\left(\frac{\Delta\pi_i}{\overline{\pi_i}}\right)}{\partial r} = -\left(\frac{1}{r}\right)^2 \frac{\Delta\eta_i}{\eta_i} \qquad (3-3-5a)$$

$$\frac{\partial\left(\frac{\Delta\pi_i}{\overline{\pi_i}}\right)}{\partial\left(\frac{\Delta\eta_i}{\eta_i}\right)} = \frac{1}{r} + \gamma \qquad (3-3-5b)$$

$$\frac{\partial\left(\frac{\Delta\pi_i}{\overline{\pi_i}}\right)}{\partial\gamma} = \frac{\Delta\eta_i}{\eta_i} \qquad (3-3-5c)$$

式(3-3-5a)~式(3-3-5c)分别可以用图3-3-1(a)(b)(c)表示。

从式(3-3-5)可以看到:第一,利润与平均利润的偏离程度随 r 的降低而提高,不仅如此,而且是以二次方的速率变动,所以 r 对这个偏离程度有较大的作用;第二,这个偏离程度以 $\left(\frac{1}{r}+\gamma\right)$ 的正比例系数随 $\Delta\eta_i/\eta_i$ 变化,由于 $r<1$,$\frac{1}{r}$

论价格直接基础或价值转化形式

>1,所以 $\Delta\eta_i/\eta_i$ 对这个偏离程度也有较大的作用;第三,这个偏离程度以 $\Delta\eta_i/\eta_i$ 的正比例系数随 γ 变化,但是在一般情况下 $\Delta\eta_i/\eta_i<1$,所以 γ 的作用较小。

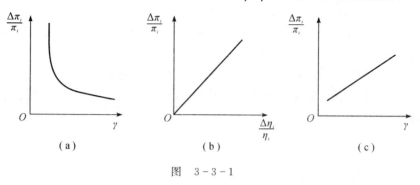

图 3-3-1

我们知道,在垄断资本主义时期,$\Delta\eta_i/\eta_i$ 变大了;r 虽然在这个时期较为稳定,但是相对于自由竞争资本主义时期减小了;γ 增大了。可见,这三个因素的变动,都使各部门利润与平均利润的偏离程度增大了。

从表 3-3-1 中选出两个部门作一实例运算。由于用总产值的部门结构代替资本量的部门结构,所以,只能得出近似的结果,但是,这已能够表明变动的基本趋势。

1. 化学工业

$\Delta\eta_h\approx 2.2\%, \eta_h\approx 15\%, \Delta\eta_h/\eta_h\approx 2.2/15$。

(1)假定 $r=20\%, \gamma=50\%$,则

$$\frac{\Delta\pi_h}{\pi_h}=(5+0.5)\times\frac{2.2}{15}\approx 0.81$$

(2)假定 $r=15\%, \gamma=80\%$,则

$$\frac{\Delta\pi_h}{\pi_h}=\frac{1}{0.15}+0.8\times\frac{2.2}{15}\approx 1.1$$

2. 食品工业

$\Delta\eta_s\approx -1.33\%, \eta_s\approx 10\%, \dfrac{\Delta\eta_s}{\eta_s}\approx -0.133$。

(1)假定 $r=20\%, \gamma=50\%$,则

$$\frac{\Delta\pi_s}{\pi_s}=(5+0.5)\times(-0.133)\approx -0.73$$

(2)假定 $r=15\%, \gamma=80\%$,则

$$\frac{\Delta \pi_s}{\bar{\pi}_s} = \left(\frac{1}{0.15} + 0.8\right) \times (-0.133) \approx -0.99$$

我们看到：在假定 $r=20\%,\gamma=50\%$ 的第一种情况下，化学工业部门的利润率比平均利润率高 81%，其利润率为

$$r_h = 0.2 \times (1+0.81) = 36.2\%$$

食品工业部门的利润率比平均利润率低 74%，其利润率为

$$r_s = 0.2 \times (1-0.74) = 5.2\%$$

在假定 $r=15\%,\gamma=80\%$ 的第二种情况下，化学工业部门的利润率比平均利润率高 110%，其利润率为

$$r_h = 0.15 \times (1+1.1) = 31.5\%$$

食品工业部门的利润率比平均利润率低 99%，其利润率为

$$r_s = 0.15 \times (1-0.99) = 0.15\%$$

本 章 小 结

本章在三个商品经济发展的不同阶段上分别验证了前二章的理论，从而可以说明它是合理的、正确的。

从本章第三节中可以看到，垄断资本主义时期的价格体系（垄断高价和垄断低价），抛开垄断资本主义给它的垄断价格的形式外，也有着由生产和再生产过程本身的规律性所确定的内容，因而也有本身的规律性和量的规定性。但是，必须补充说明的是，这些规律并不是直接实现的，而是在垄断和垄断竞争这样复杂的经济机制和经济过程中实现的。我们知道，垄断和垄断竞争是比自由竞争更加复杂、更具有滞阻力的经济过程，所以，这些规律的实现就更加复杂和更加曲折，就更加只能以一种趋势、一种在不断变动中的平均数表现出来。因此，在现实经济中，垄断价格并不是直接等于我们公式确定的量的规定性，而是一个围绕这个量的规定性不断变动的量，一个与它相偏离又离不开的量。关于垄断价格的市场运动将会在本书第二篇中论述。

从本章的讨论中可以看到，价格直接基础形式的历史演化过程有如下重要特点：随着社会生产和科学技术的发展，价格直接基础，经过了与价值同一的形式、生产价格和垄断价格的形式，越来越与价值相分离，并且越来越复杂化。价格直接基础的每一种形式都对应于一定的社会生产和科学技术水平，与价值同一的形式对应于以手工劳动为基础的社会生产，生产价格对应于以大机器为基础的社会化大生产，垄断价格对应于社会生产和科学技术迅速发

论价格直接基础或价值转化形式

展的社会化大生产。可见，商品以生产价格进行交换比以价值进行交换所要求的社会生产发展阶段高得多[①]，而以垄断价格进行交换又比以生产价格进行交换所要求的社会生产发展阶段高得多。

---

① "因此，商品按照它们的价值或接近于它们的价值进行的交换，比那种按照它们的生产价格进行的交换，所要求的发展阶段要低得多，而按照它们的生产价格进行的交换，则需要资本主义的发展达到一定的高度。"(马克思.马克思恩格斯全集(第25卷).北京：人民出版社，1975：197-198.)

第四章 社会主义价格直接基础

在第三章,我们看到,随着社会生产的发展,价格直接基础(价值转化形式)取得越来越复杂的形式,越来越与价值本身偏离。社会主义生产,无论从生产力(生产的技术条件)还是生产关系来说,都是比资本主义生产(包括垄断资本主义生产)更高阶段的社会化大生产。所以,在社会主义经济中,价格直接基础必定以比生产价格和垄断价格都更加复杂的形式存在。本章将以第二章阐明的理论来讨论社会主义经济中的价格直接基础。在讨论中,假定 S_2 的分配原则是按劳分配,所以,下面建立的模型可称为"按劳分配模型"。

第一节 社会主义价格直接基础

首先,在社会主义生产中,生产资料同样在生产过程中得到大规模的应用,仍然有条件一:

$$\frac{C_{ci}}{C_{vi}} \neq \frac{C_c}{C_v}$$

其次,各生产部门在社会生产中所占比例的变化,不但在垄断资本主义国家中存在,而且在其他社会制度的国家,包括社会主义国家,也同样存在。不仅如此,在不同社会制度的国家中,各部门变化的方向也基本一致。这种变化不是由社会经济制度或形式决定的,而是由这个历史时期生产力发展的内在规律决定的(详见第三章)。所以有条件二:

$$\Delta \eta_i \neq 0$$

再次,在社会主义经济中,有条件三:

$$e_i = L_i$$

由于我们假定,在每个生产部门中,平均每个工人提供的劳动相等,且按劳分配,所以,各部门工人提供的劳动占社会总劳动的比例,既可以用工人人数的比例表示,也可以用工资比例表示。用 C_{vi} 表示第 i 部门的资金中用到工资的部分的量,$C_v = \sum_i C_{vi}$ 表示社会总资金用于工资的量,则有

论价格直接基础或价值转化形式

$$e_i = L_i = \frac{C_{vi}}{C_v} \qquad (4-1-1)$$

在前面几种情况中,都有 $e_i = \eta_i$,所以,应该讨论一下 L_i 和 η_i 之间的关系。

$$\eta_i = \frac{C_i}{C} = \frac{C_{ci} + C_{vi}}{C_c + C_v}$$

$$= \frac{C_{vi}}{C_v} \cdot \frac{\frac{C_{ci}}{C_{vi}} + 1}{\frac{C_c}{C_v} + 1}$$

其中,C_c 表示整个社会的生产资料的价值量,C_{ci} 表示第 i 部门生产资料的价值量。令

$$\beta_i = \frac{C_{ci}}{C_{vi}} \qquad \beta = \frac{C_c}{C_v}$$

则有

$$\eta_i = L_i \frac{\beta_i + 1}{\beta + 1} \qquad (4-1-2)$$

由此可见,在一般条件下,

$$L_i \neq \eta_i$$

只有当

$$\frac{C_{ci}}{C_{vi}} = \frac{C_c}{C_v}$$

时,才有

$$L_i = \eta_i$$

最后,仍假定

$$S_i = S$$

将上述条件和假定代入价格直接基础的一般公式,得社会主义经济中价格直接基础量:

$$W_i^T = K_i + S_1 \eta_i + (C + S_1)\Delta\eta_i + S_2 L_i \qquad (4-1-3)$$

社会主义经济中的部门利润:

$$\pi_i = W_i^T - K_i = S_1 \eta_i + (C + S_1)\Delta\eta_i + S_2 L_i \qquad (4-1-4)$$

从式(4-1-3)中可以看到,决定社会主义价格直接基础的不仅有 K_i、η_i、C 和 S_1、S_2 的划分(γ);而且还有 L_i,即工人人数的比例。可见,在社会主义经济中,价格直接基础的形式比垄断价格和生产价格都更加杂复。因此,在确

定价格体系时，切不可简单化。

第二节 各种观点讨论

关于价格直接基础不同观点的争论，实质上是对利润量的规定性的争论。因为价格直接基础无非等于成本与利润之和，而成本构成价格直接基础的一部分是没有任何争议的。人们争论的焦点实际上就是利润应按什么样的规律形成。认为利润应按平均利润形成的，对应于认为价格直接基础应是生产价格的观点；认为利润应按综合利润率形成的，对应于认为价格直接基础应是成本加综合利润的观点；认为利润应等于剩余产品价值的，对应于认为价格直接基础就是价值的观点。

首先，我们讨论利润应是平均利润，因而价格直接基础应是生产价格的论点。仍然用 $\overline{\pi_i}$ 表示以平均利润率 ($r=S/C$) 计算的第 i 部门的平均利润 ($S\eta_i$)。根据式 (4-1-4) 可以看到，各部门利润与平均利润的差额为

$$\Delta \pi_i = \pi_i - \overline{\pi_i} =$$
$$S_1\eta_i + (C+S_1)\Delta\eta_i + S_2 L_i - S\eta_i =$$
$$(C+S_1)\Delta\eta_i + S_2 L_i - S_2\eta_i =$$
$$(C+S_1)\Delta\eta_i + S_2(L_i - \eta_i)$$

根据式 (4-1-2)

$$\Delta\pi_i = (C+S_1)\Delta\eta_i + S_2\eta_i\left(\frac{\beta+1}{\beta_i+1} - 1\right) =$$
$$(C+S_1)\Delta\eta_i + S_2\eta_i\left(\frac{\beta-\beta_i}{\beta_i+1}\right)$$

令

$$\Delta\beta_i = \beta_i - \beta$$

则

$$\Delta\pi_i = (C+S_1)\Delta\eta_i - S_2\eta_i\frac{\Delta\beta_i}{\beta_i+1}$$

π_i 对 $\overline{\pi_i}$ 的偏离程度为

$$\frac{\Delta\pi_i}{\overline{\pi_i}} = \frac{1}{S\eta_i}\left[(C+S_1)\Delta\eta_i - S_2\eta_i\frac{\Delta\beta_i}{\beta_i+1}\right] =$$
$$\left(\frac{1}{r}+\gamma\right)\frac{\Delta\eta_i}{\eta_i} - \frac{S-S_1}{S}\frac{\Delta\beta_i}{\beta_i+1} =$$
$$\left(\frac{1}{r}+\gamma\right)\frac{\Delta\eta_i}{\eta_i} - (1-\gamma)\frac{\Delta\beta_i}{\beta_i+1} \quad (4-2-1)$$

论价格直接基础或价值转化形式

下面,进一步讨论各因素对这个偏离程度的作用。

$$\frac{\partial\left(\frac{\Delta\pi_i}{\bar{\pi}_i}\right)}{\partial r}=\frac{-1}{r^2}\frac{\Delta\eta_i}{\eta_i} \qquad (4-2-2a)$$

$$\frac{\partial\left(\frac{\Delta\pi_i}{\bar{\pi}_i}\right)}{\partial\left(\frac{\Delta\eta_i}{\eta_i}\right)}=\frac{1}{r}+\gamma \qquad (4-2-2b)$$

$$\frac{\partial\left(\frac{\Delta\pi_i}{\bar{\pi}_i}\right)}{\partial\gamma}=\frac{\Delta\eta_i}{\eta_i}+\frac{\Delta\beta_i}{\beta_i+1} \qquad (4-2-2c)$$

$$\frac{\partial\left(\frac{\Delta\pi_i}{\bar{\pi}_i}\right)}{\partial\left(\frac{\Delta\beta_i}{\beta_1+1}\right)}=-(1-\gamma) \qquad (4-2-2d)$$

式(4-2-2)各式可以分别用图 4-2-1(a)(b)(c)(d)表示。

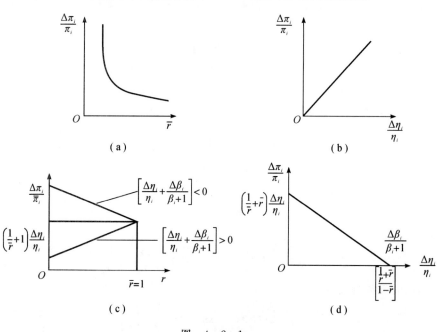

图 4-2-1

由此可见,各部门利润对平均利润的偏离程度随着 r 和 $\frac{\Delta\beta_i}{\beta_i+1}$ 的增大而减小,随着 $\frac{\Delta\eta_i}{\eta_i}$ 增大而增大;当 $\left(\frac{\Delta\eta_i}{\eta_i}+\frac{\Delta\beta_i}{\beta_i+1}\right)>0$ 时,随 γ 的增大而增大,当 $\left(\frac{\Delta\eta_i}{\eta_i}+\frac{\Delta\beta_i}{\beta_i+1}\right)<0$ 时,随 γ 的增大而减小。只有当

$$\frac{\Delta\beta_i}{\beta_i+1}=\left[\frac{\frac{1}{r}+\gamma}{1-\gamma}\right]\frac{\Delta\eta_i}{\eta_i}$$

时,才有

$$\frac{\Delta\pi_i}{\bar{\pi}_i}=0$$

即利润对平均利润的偏离程度等于零,利润等于平均利润。但这只是极为偶然的情况。可见,社会主义利润对平均利润的偏离程度比垄断利润对平均利润的偏离程度更为复杂,所以简单地认为社会主义利润应等于平均利润的观点是不正确的。其主要原因是:第一,没有看到社会主义生产关系与资本主义生产关系对价格直接基础不同的决定作用;第二,没有看到社会主义的生产力要比自由竞争资本主义时期更高。

式(4-2-1)、式(4-2-2)各式,对于确定各部门的利润率有一定的实用性。当知道平均利润率时,就可以直接根据 γ,$\Delta\eta_i/\eta_i$,$\Delta\beta_i/(\beta_i+1)$ 求得各部门的利润率。就像我们在第二章所作的那样。

现在再来讨论第二种观点。这种观点认为,社会主义利润应由资金利润率和工资利润率共同决定,甚至有人试图以 70% 和 30% 的比例来划分两种利润率对利润的作用。

从式(4-1-4),我们看到社会主义利润由三部分组成。

第一部分:

$$S_1\eta_i=S_1\frac{C_i}{C}=r_1C_i$$

r_1 就是所谓资金利润率。所以,这一部分正是由资金利润率决定的利润部分。

第三部分:

$$S_2L_i=S_2\frac{C_{vi}}{C_v}=\frac{S_2}{C_v}C_{vi}=r_2C_{vi}$$

r_2 就是所谓工资利润率。所以,这第三部分正是由工资利润率决定的利润部分。

可见,这种观点,与简单地认为利润仅由平均利润率决定的观点相比,较为接近社会主义部门利润量的规定性。但是,这种观点,第一,没有看到利润

论价格直接基础或价值转化形式

的第二部分$[(C+S_1)\Delta\eta_i]$;第二,只是猜测两种利润率的决定范围,所以还只是初步的。虽然如此,与简单地搬用资本主义经济范畴来研究社会主义利润和价格直接基础的做法相比,这种观点确实在科学的道路上大大地迈进了一步。因为,无论如何,这种观点看到了价格直接基础形式的社会历史性,看到了社会主义生产关系对价格直接基础的决定作用。

最后,讨论第三种观点。

在《资本论》中,马克思已经说明,高资本有机构成的生产部门,平均利润高于剩余价值,生产价格高于价值;低资本有机构成的生产部门,平均利润低于剩余价值,生产价格低于价值。可见,资本有机构成正向地决定着利润对剩余价值的偏离程度。但是,高资金有机构成的生产部门,C_{vi}小,所以L_i低;低资金有机构成的生产部门,C_{vi}大,所以L_i高。可见,资金有机构成与L_i是反向的关系。由式(4-1-3)和式(4-1-4)又可以看到,L_i正向决定利润和价格直接基础的量。可见,在一定程度上,L_i有抵消资金有机构成差别引起的利润偏离剩余产品价值、价格直接基础量偏离价值量的作用。所以,在社会主义经济中,虽然价格直接基础的形式比生产价格和垄断价格更复杂,但是,利润对剩余产品价值、价格直接基础对价值量的偏离程度比在资本主义经济中要小,价格直接基础量比垄断价格要接近于价值。

为了进一步讨论这个问题,考察一下社会主义经济中各部门利润对剩余产品价值的偏离程度。这个偏离程度也能够表示价格直接基础量对价值的偏离程度。

用$\Delta\pi_{mi}$表示第i生产部门利润与剩余产品价值的差额,即

$$\Delta\pi_{mi} = \pi_i - S_i$$

因为

$$S_i = sC_{vi} = \frac{S}{C_v}C_{vi} = SL_i$$

所以

$$\Delta\pi_{mi} = S_1\eta_i + (C+S_1)\Delta\eta_i + S_2L_i - SL_i =$$
$$S_1\eta_i + (C+S_1)\Delta\eta_i - S_1L_i =$$
$$(C+S_1)\Delta\eta_i + (\eta_i - L_i)S_1$$

因为

$$(\eta_i - L_i)S_1 = S_1\left(L_i\frac{\beta_i+1}{\beta+1} - L_i\right) =$$
$$S_1L_i\frac{\Delta\beta_i}{\beta+1}$$

所以
$$\Delta\pi_{mi}=(C+S_1)\Delta\eta_i+S_1L_i\frac{\Delta\beta_i}{\beta+1} \quad (4-2-3a)$$

第 i 部门利润对剩余产品价值的偏离程度：

$$\frac{\Delta\pi_{mi}}{S_i}=\frac{1}{SL_i}\left[(C+S_1)\Delta\eta_i+S_1L_i\frac{\Delta\beta_i}{\beta+1}\right]=$$

$$\left(\frac{1}{r}+\gamma\right)\frac{\Delta\eta_i}{L_i}+\gamma\frac{\Delta\beta_i}{\beta+1}=$$

$$\left(\frac{1}{r}+\gamma\right)\frac{\beta_i+1}{\beta+1}\frac{\Delta\eta_i}{\eta_i}+\gamma\frac{\Delta\beta_i}{\beta+1}=$$

$$\left(\frac{1}{r}+\gamma\right)\left(\frac{\Delta\beta_i}{\beta+1}+1\right)\frac{\Delta\eta_i}{\eta_i}+\gamma\frac{\Delta\beta_i}{\beta+1} \quad (4-2-3b)$$

$\Delta\beta_i$，即第 i 部门资金有机构成与社会平均资金有机构成之差，对这个偏离程度的作用：

$$\frac{d\left(\frac{\Delta\pi_{mi}}{S_i}\right)}{d\Delta\beta_i}=\frac{\frac{1}{r}+\gamma}{\beta+1}\frac{\Delta\eta_i}{\eta_i}+\frac{\gamma}{\beta+1}=$$

$$\frac{1}{\beta+1}\left[\left(\frac{1}{r}+\gamma\right)\frac{\Delta\eta_i}{\eta_i}+\gamma\right] \quad (4-2-3c)$$

再来考察在垄断资本主义条件下的情况：

$$\Delta\pi_{mi}=\pi_i-S_i=$$
$$S\eta_i+(C+S_1)\Delta\eta_i-SL_i=$$
$$(C+S_1)\Delta\eta_i+(\eta_i-L_i)S=$$
$$(C+S_1)\Delta\eta_i+SL_i\frac{\Delta\beta_i}{\beta+1}$$

$$\frac{\Delta\pi_{mi}}{S_i}=\frac{1}{SL_i}\left[(C+S_1)\Delta\eta_i+SL_i\frac{\Delta\beta_i}{\beta+1}\right]=$$

$$\left(\frac{1}{r}+\gamma\right)\left(\frac{\Delta\beta_i}{\beta+1}+1\right)\frac{\Delta\eta_i}{\eta_i}+\frac{\Delta\beta_i}{\beta+1} \quad (4-2-4a)$$

$$\frac{d\left(\frac{\Delta\pi_{mi}}{S_i}\right)}{d\Delta\beta_i}=\frac{\frac{1}{r}+\gamma}{\beta+1}\frac{\Delta\eta_i}{\eta_i}+\frac{1}{\beta+1}=$$

$$\frac{1}{\beta+1}\left[\left(\frac{1}{r}+\gamma\right)\frac{\Delta\eta_i}{\eta_i}+1\right] \quad (4-2-4b)$$

式 $(4-2-3b)$ 减去式 $(4-2-4b)$，得

$$h=\frac{\gamma+1}{\beta+1}=\frac{-S_2}{S(\beta+1)}<0 \quad (4-2-5)$$

只有当 $S_2=0$，即 $\gamma=1$ 时，才能有 $h=0$，即社会主义经济中利润对剩余产品价值的偏离和垄断资本主义经济中的偏离相等。式(4-2-5)可以用图4-2-2表示。

从式(4-2-5)可以清楚地看到，各生产部门资金（资本）有机构成差别引起的利润对剩余产品价值的偏离，在社会主义经济中比在资本主义经济中要小，因而社会主义经济中商品的价格直接基础量要比垄断价格接近于价值量。但是，从式(4-2-3)同样可以清楚地看到，只有在 $\Delta\eta_i=0$，$\Delta\beta_i=0$ 同时存在的条件下，各部门的利润才能与剩余产品价值相等，价格直接基础才能与价值量相等。而这两个条件只有在社会生产的低级阶段才存在。因此，虽然社会主义经济中商品的价格直接基础量比垄断价格接近于价值量，但是不可能直接等于价值量。可见，认为价值直接形成社会主义价格直接基础的观点是不正确的。

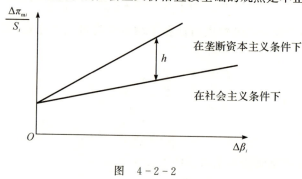

图 4-2-2

第三节 应 用 举 例

这一节，我们举例子来帮助读者较为具体地理解已阐明的理论。为便于说明问题，举一个假设的例子，见表4-3-1。

表 4-3-1

生产部门	A	B	C	总计
q_i	50	50	100	
C_i	3 000	700	300	$C=4\,000$
η_i	3/4	7/40	3/40	
$C_{ci}:C_{vi}$	80:20	50:50	40:60	
C_{vi}	600	350	180	$C_v=1130$

续 表

生产部门	A	B	C	总计
L_i	0.530 973 4	0.309 734 5	0.159 292	
$S_i(s=100\%)$	600	350	180	$S=1\,130$
K_i	900	450	220	$K=1\,570$
W_i	1 500	800	400	$W=2\,700$
$\Delta\eta_i$	0.05	−0.03	−0.02	

再假定：
$$\gamma=0.5$$

则
$$S_1=1\,130\times0.5=565$$
$$S_2=565$$

将上述数据代入
$$W_i^T=K_i+S_1\eta_i+(C+S_1)\Delta\eta_i+L_iS_2$$

得各部门产品总量的价格直接基础量
$$W_A^T=900+565\times\frac{3}{4}+(4\,000+565)\times0.05+$$
$$0.530\,973\,4\times565\approx1\,852$$
$$W_B^T\approx586.9$$
$$W_C^T\approx261.1$$

由
$$\pi_i=W_i^T-K_i$$

得出各部门的利润量
$$\pi_A\approx952$$
$$\pi_B\approx136.9$$
$$\pi_C\approx41.1$$

由
$$w_i^T=\frac{W_i^T}{q_i}$$

得出单位产品价格直接基础量
$$w_A^T\approx1\,852/50=37.04$$

$$w_B^T \approx 11.74$$
$$w_C^T \approx 2.611$$

再来计算各部门价格直接基础与生产价格的差额和利润与平均利润的差额。

先求各部门按平均利润率计算的平均利润：
$$\pi_A = S\eta_A \approx 847.5$$
$$\pi_B = S\eta_B \approx 197.75$$
$$\pi_C = S\eta_C \approx 84.75$$

由
$$\Delta\pi_i = \pi_i - \overline{\pi_i}$$

得各部门利润与平均利润的差额
$$\Delta\pi_A \approx 104.5$$
$$\Delta\pi_B \approx -60.83$$
$$\Delta\pi_C \approx -43.67$$

这个差额同时也就是各部门价格直接基础与生产价格的差额。再求各部门利润与平均利润的偏离程度：
$$\frac{\Delta\pi_A}{\overline{\pi}_A} \approx 12.3\%$$
$$\frac{\Delta\pi_B}{\overline{\pi}_B} \approx -30.8\%$$
$$\frac{\Delta\pi_C}{\overline{\pi}_C} \approx -51.5\%$$

还可以由此求出各部门的利润率。根据假定,有
$$r = S/C \approx 28.25\%$$

进一步求得
$$r_A = (1+12.3\%)r \approx 31.7\%$$
$$r_B = (1-30.8\%)r \approx 19.5\%$$
$$r_C = (1-51.5\%)r \approx 13.7\%$$

根据计算结果,可以看到,A 部门利润高于平均利润 12.3%,B 部门、C 部门利润分别低于平均利润 30%,51%。没有一个部门的利润等于平均利润。

本 章 小 节

假定在社会主义经济关系中实现的是"按劳分配",将此假定代入交换价值基本模型,得出社会主义经济关系中的交换价值模型:

$$W_i^T = C_i^W + \eta_i \sum S_1 + \Delta \eta_i (\sum K + \sum S_1) + \mu_i \sum S_2$$

我们将其称为"按劳分配模型"。在社会主义经济中,交换价值量的形式比垄断价格和生产价格都更加复杂。

第二篇

"价值转形问题"研究
——生产价格精确量的计算

第五章 马克思"价值转形理论"与生产价格精确量的计算

第一节 马克思的论述与问题的提出

在《资本论》第三卷中,马克思论述了,由于剩余价值在各生产部门资本家之间按资本量平均分配,剩余价值转化为平均利润,价值转化为生产价格。马克思指出:"平均利润率是资本家阶级每年生产的剩余价值同社会范围内预付的资本的比率"[①];可用公式 $r = \dfrac{\sum S_i}{\sum (C_c + C_v)}$ 表示;平均利润等于本部门的资本量乘以平均利润率,可用公式:$\pi = Kr$ 表示;生产价格等于成本价格加平均利润,可用公式:生产价格$= K + Kr$ 表示。[②] 马克思还指出,由于平均利润是"总剩余价值……均衡分配时归于总资本的每一个相应部分的剩余价值"[③]因而"加入某种商品的剩余价值多多少,加入另一种商品的剩余价值就少多少"[④],因此,社会平均利润总和等于社会剩余价值总和,社会生产价格总和等于价值总和。所以,虽然直接决定市场价格波动中心的是生产价格,但是"既然商品的总价值调节总剩余价值,而总剩余价值又调节平均利润从而一般利润率的水平——这是一般规律,也就是支配各种变动的规律——那么,价值规律就调节生产价格"[⑤]。

为了简单明了地说明(不是论证)上述理论,马克思作了假定社会生产由五个生产部门构成的简单数例[⑥](见表 5-1-1)。

---

① 马克思. 马克思恩格斯《资本论》书信集. 北京:人民出版社,1976:267.
② 马克思. 马克思恩格斯全集(第25卷). 北京:人民出版社,1975:108.
③ 马克思. 马克思恩格斯全集(第25卷). 1975:177.
④ 马克思. 马克思恩格斯全集(第25卷). 北京:人民出版社,1975:181.
⑤ 马克思. 马克思恩格斯全集(第25卷). 北京:人民出版社,1975:201.
⑥ 马克思. 马克思恩格斯全集(第25卷). 北京:人民出版社,1975:174-176.(略作改编)

论价格直接基础或价值转化形式

表 5-1-1

资本	剩余价值率	剩余价值	利润率	已用掉的C	商品价值	成本价格	平均利润率	平均价格	生产价格	生产价格与价值的偏离
Ⅰ $80C_c+20C_v$	100%	20	20%	50	90	70	22%	22	92	+2
Ⅱ $70C_c+30C_v$	100%	30	30%	51	111	81	22%	22	103	−8
Ⅲ $60C_c+40C_v$	100%	40	40%	51	131	91	22%	22	113	−18
Ⅳ $85C_c+15C_v$	100%	15	15%	40	70	55	22%	22	77	+7
Ⅴ $95C_c+5C_v$	100%	5	5%	10	20	15	22%	22	37	+17
合计 $390C_c+110C_v$		110			422			110	422	0
平均 $78C_c+22C_v$		22	22%							

对这个数例作了说明之后,马克思补充指出:"我们原先假定,一个商品的成本价格,等于该商品生产时所消费的各种商品的价值。但一个商品的生产价格,对它的买者来说,就是成本价格,并且可以作为成本价格加入另一个商品的价格形成。因为生产价格可以偏离价值,所以,一个商品的成本价格(包含另一个商品的生产价格在内),可以高于或低于它的总价值中由加到它里面的生产资料的价值构成的部分。必须记住成本价格这个修改了的意义,因此,如果一个特殊生产部门把商品的成本价格看作和生产该商品所消费的生产资料的价值相等,那就总可能有误差。对我们现在的研究来说,这一点没有进一步考察的必要。"[①]在这段话中,马克思指出了三个问题:第一,在《资本论》的数例中,成本价格是以构成成本的各商品的价值计量的,但是在精确地计算中,成本价格应该以这些商品的生产价格计量;第二,如果以构成成本的各商品的价值计量成本价格,那么,各项计算结果总会有一定的误差,所以上述数例实际上是存在误差的;第三,这些误差不会影响已经论述的基本规律,所以在以研究资本主义生产关系和基本规律为目的的《资本论》中,没有进一步研究的必要。

---

① 马克思.马克思恩格斯全集(第25卷).北京:人民出版社,1975:185.

由此，可以看到：在《资本论》的数例中，马克思没有考察以构成成本的商品的生产价格计量成本价格时，生产价格-平均利润系统中各种量的相互关系；同时，正是这样的计算构成生产价格-平均利润系统各量的精确值。所以，虽然以生产价格计量成本价格时的生产价格-平均利润系统中各种量的相互关系不属于《资本论》的研究范围，但是，确实构成一个独立的研究对象。

正是这个问题，在20世纪80多年中，在世界经济学界引起了广泛的讨论和热烈的争论。一方面，一些学者力图探讨以生产价格计量成本价格时的生产价格-平均利润系统中各种量的相互关系，力图论证马克思价值转化为生产价格理论量的完善性，并且说明马克思在《资本论》中已经揭示了生产价格-平均利润系统的量的基本规律。另一方面，一些人则认为：如果以商品的生产价格计量成本价格，总平均利润＝总剩余价值，总生产价格＝总价值，这两个等式就不能同时成立，平均利润就不由 $\dfrac{\sum S_i}{\sum(C_c + C_v)}$ 决定，两者就不相等，所以马克思价值转化为生产价格的理论在量上是无法完善的，由此否定马克思价值转化为生产价格理论，进而否定劳动价值学说。这就是所谓"狭义转形问题"讨论。

由此可见，"狭义转形问题"争论的中心本质上是：第一，以生产价格计量成本价格时，生产价格-平均利润系统中各种量的相互关系是什么；第二，马克思价值转化为生产价格理论在量上是否具有完善性；第三，马克思在《资本论》中是否已经揭示了生产价格-平均利润系统的量的基本规律。解决这三个问题这就是本章的任务。

第二节 作为解决问题前提的三个基本观点

在从量上讨论上述问题之前，必须说明马克思主义的三个基本观点。

基本观点一：

马克思指出：平均利润是"总剩余价值……均衡分配时归于总资本的每一个相应部分的剩余价值"[1]。可见，平均利润（率）是社会总剩余价值的分配形式，生产价格是社会总价值的分配形式；换言之，剩余价值是（平均）利润的实体，价值是生产价格的实体[2]。由此可得出下列三点推论。

---

[1] 马克思.马克思恩格斯全集(第25卷).北京：人民出版社,1975:177.

[2] "尽管在这种形式变换中，实体——价值量——可能在不正常的场合亏损或增加。"(马克思.马克思恩格斯全集(第23卷).北京：人民出版社,1975:127.)

论价格直接基础或价值转化形式

第一，马克思《资本论》中的生产价格和平均利润不是以货币表示和度量的，而是以价值量（物化劳动量）为实体和度量的。美藉波兰学者R.罗斯道尔斯基博士正确地指出："马克思所说的'生产价格'，在现实上决不是'价格'，只不过是由于平均利润率介入后所修正了的价值。[①]"不过，在"转形问题"的讨论过程中，人们已经涉及了以货币形式表现的生产价格和平均利润（率），因此这也构成我们讨论的一个问题。讨论的层次应该是：价值、剩余价值—平均利润、生产价格—以货币形式表现的平均利润、生产价格（下面简称为货币平均利润、货币生产价格，以区别用价值度量的平均利润和生产价格）。

第二，既然平均利润不过是剩余价值的分配，生产价格不过是价值的分配，那么，（以价值计量的）利润量总和等于剩余价值总量，社会（生产）价格量总和等于价值量总和这两个原理既不是假定，也不是需要进一步用数学方法从量上求证的命题，而是马克思价值理论的自然结论，是价值转化为生产价格、剩余价值转化为平均利润理论中量的关系的自然前提[②]。

第三，需要特别提醒的是，无论从马克思的原意来看，还是从一般常识来看，所谓"总计一致的两个命题"中的平均利润和生产价格都是以价值量为实体和计量的量，而不是以货币表现和计量的量。因为用货币计量的利润和价格同剩余价值和价值是以不同质的单位计量的量，两者是无法比较的。赖布曼曾正确指出："如果认为生产价格用用货币商品单位来表现，而另一方面，价值用劳动时间来表现的话，那么两者之间就没有丝毫的联系了。……生产价格体系同价值体系是同一层次上的问题，即具有劳动时间单位。"[③]

基本观点二：

社会总剩余价值量按平均利润率分配，社会总价值量以生产价格形式分配并不一定能分得尽。在分不尽的情况中，平均利润率只能近似地等于

---

① 朱绍文.战后转形问题争论的若干考察[J].马克思主义研究参考资料，1982(43)：10.

② 种瀨茂："松冈还得出如下结论：……关于总计一致的两个命题，由于质的关系的结果，所以，无论价值价格也好，或是生产价格也好，都可以把它们看作物化劳动的还原。……所以，总计一致的两个命题就成立了。"(战后日本学术界对"转形"问题的研究[M]//中国《资本论》研究会日文资料编辑中心.《资本论》日文资料译丛第三集.长春：东北师范大学出版社，1983：26.)

③ 中国《资本论》研究会日文资料编辑中心.《资本论》日文资料译丛第三集.长春：东北师范大学出版社，1983：17.

$\frac{\sum S}{\sum (C_c + C_v)}$，总平均利润只能近似地等于总剩余价值,总生产价格只能近似地等于总价值量。恩格斯指出:"……总利润和总剩余价值只能近似地符合,……利润率由 $\frac{\sum S}{\sum (C_c + C_v)}$ 这一公式来表现,要不是通过一个近似数列,是完全不可能的。"[①]。一定的总量,按一定的理论条件,往往是分不尽的,这是一般性的常识,例如,101 个人按平均条件分为 10 个组,就分不尽,10 个人一组,余下 1 个人。平均分配率只能是 10 人/组,而不直接就是 101/10＝10.1 人/组,平均分配的人数总和 10×10＝100 人,并不完全等于 101 人。

我们将总剩余价值与总平均利润之间的差额,总价值与总生产价格之间的差额称为"平分余量"。

基本观点三：

因为"在资本主义生产中,一般规律作为一种占统治地位的趋势,始终只是以一种极错综复杂和近似的方式,作为从不断波动中得出的,但永远不能确定的平均情况来发生作用。[②]"因而在实际经济生活中,各部门的利润并不绝对等于生产价格,有的会高些,有的会低些。平分余量会在实际经济生活中分到某些部门,构成这些部门实际利润和实际(生产)价格的一部分,因而也构成实际社会总利润和实际总(生产)价格的一部分。所以,最终仍然有实际社会总利润等于总剩余价值,实际社会总(生产)价格等于总价值。就前面所举的例子来说,那里,余下的一人会在实际分配中,分配到某一组,这组的实际人数大于每组平均人数,实际分配的人数总和等于被分配的人数总和。

理解了上述三个基本观点,就会清楚地知道,关于马克思的"转形问题"理论量的研究,真正需要讨论的不是按平均利润率的标准分配后形成的量——平均利润、生产价格是否等于被分配的量——剩余价值、价值,而是在这一分配过程中各种量的现实的相互关系。正是由于不懂得这三个基本观点,几乎

[①] 中共中央马克思恩格斯列宁斯大林著作编译局. 马克思恩格斯《资本论》书信集. 北京:人民出版社,1976:579. 在马克思恩格斯原著中利润率由 $\frac{\sum S}{\sum (C_c + C_v)}$ 表示,本书用 $\frac{\sum S}{\sum (C_c + C_v)}$ 表示,其中 C_c 为不变资本,C_v 为可变资本。

[②] 马克思. 马克思恩格斯全集(第25卷). 北京:人民出版社,1975:181.

论价格直接基础或价值转化形式

所有所谓"转形问题"研究者都迷入歧途①,陷入了不可克服的困难之中。他们徒劳无益地力图证明按平均利润率的标准分配以后形成的量——平均利润、生产价格——总和等于被分配的量——剩余价值、价值——总和。结果,不是无法同时达到这两个等式,就是只能在有限的条件下同时达到这两个等式。属于第一种情况的有:鲍特凯维兹(L. Von. Bortkiewicz),斯威齐(P. M. Sweezy),温特尼茨(I. Wintornitz)和米克(R. L. Meek)等。属于第二种情况的有塞顿(F. Seton)和森岛通夫(M. Morishima)等。有的人,例如斯蒂德曼(Ian Steedman)和萨缪尔森(Paul A. Samuelson),则企图利用这些迷入歧途的研究成果来否定马克思的价值转化为生产价格、剩余价值转化为平均利润理论,从而否定劳动价值学说。但是,只要我们理解了上述三个基本观点,就会看到斯蒂德曼等人的这种攻击,不过是自己树起了一架风车,然后与之决斗罢了。

第三节 "转化理论"中量的关系及其完善性

这一节我们将根据第二节的三个基本观点来讨论第一节所提出的三个问题,完成在那里提出的任务。在讨论中,我们假定:第一,生产过程中没有固定资本,不变资本在一个生产周期内转移全部价值;第二,所有的产品都加入其他商品的生产过程,即都是"基本产品"。我们做第一个假定,一方面是为了简单化,另一方面是因为马克思和大多数"转形问题"研究者都做了这样的假定。我们做第二个假定,一方面是因为在现实经济生活中几乎没有产品不直接或间接地加入其他商品的生产,另一方面是因为即使考虑到某些产品不加入其他商品的生产,也不会使问题及其结论发生较为重大的变化。关于撤去这两个假定后的情况,会在别处给予讨论。

一、一般讨论

首先,来讨论以构成成本的商品的生产价格计量成本价格时,剩余价值转化为(以价值计量的)平均利润、价值转化为(以价值计量的)生产价格系统中

---

① 种瀬茂:"可以说要特别弄清马克思的价值规律同总价值=总生产价格、总剩余价值=总利润这种总和一致的两个命题之间的关系,就是……所谓'转形问题'。"(五十年代以来欧美学术界关于"转形问题的研究"[M]//中国《资本论》研究会日文资料编译中心.《资本论》日文资料译丛第三集.长春:东北师范大学出版社,1983:2-3.)

各种量的相互关系及量的完善性,即第一个和第二个任务。

用 W_i^T 表示第 i 生产部门总产品的生产价格,用 K_i 表示第 i 生产部门的成本价格,用 $\overline{\pi_i}$ 表示第 i 生产部门的平均利润,生产价格可写为

$$W_i^T = K_i + \overline{\pi_i} \qquad (5-3-1)$$

用 $\bar{r}$ 表示平均利润率,用 C_i 表示第 i 生产部门的资本总量,则有

$$\overline{\pi_i} = \bar{r} C_i \qquad (5-3-2)$$

根据假定有

$$C_i = K_i \qquad (5-3-3)$$

将式(5-3-2)和式(5-3-3)代入式(5-3-1),有

$$W_i^T = K_i + r K_i = (1+r) K_i \qquad (5-3-1')$$

用 B_{ij} 表示第 i 部门成本中包含的第 j 部门产品的生产价格量,则

$$K_i = \sum_j B_{ij}$$

用 w_i^T 表示单位 i 产品的生产价格,用 q_i 表示第 i 部门的产品数量,则

$$w_i^T = \frac{W_i^T}{q_i} = (1+r) \frac{\sum_j B_{ij}}{q_i} = (1+r) \sum_j \frac{B_{ij}}{q_i} \qquad (5-3-1'')$$

可以看出,B_{ij}/q_i 是单位 i 商品的成本价格中包含的 j 产品的生产价格。

令

$$b_{ij} = \frac{B_{ij}}{q_i}$$

用 α_{ij} 表示单位 i 商品的成本中包含的 j 产品量,则

$$b_{ij} = \alpha_{ij} w_i^T$$

代入式(5-3-1'),得

$$w_i^T = (1+r) \sum_j (\alpha_{ij} w_i^T) \qquad (5-3-1''')$$

假定社会生产有 n 个生产部门,设

$$A = (\alpha_{ij})_n$$

$$\mathbf{w}^T = \begin{bmatrix} w_1^T \\ w_2^T \\ \vdots \\ w_n^T \end{bmatrix}$$

式(5-3-1''')可写为

$$(1+r) \mathbf{A} \mathbf{w}^T = \mathbf{w}^T$$

或
$$[(1+r)A-I]w^T = 0 \qquad (5-3-4)$$
其中 I 为单位矩阵。

因为 A 是非负不可约矩阵，所以由式(5-3-4)可求出一个唯一的正数平均利润率 r 和相应的唯一一组正数生产价格 w^T 的相对值。

用 $\sum K_p$ 表示以生产价格计量的社会总成本价格量，$\sum K_w$ 表示以价值计量的社会总成价格量，d_k 表示社会总成本价格的平分余量；用 $\sum W^T$ 表示社会总产品的生产价格总量，$\sum W_i$ 表示社会总产品的价值总量，d_w 表示社会总产品的平分余量；用 $\sum \bar{\pi} = r\sum K_p$ 表示社会总平均利润，$\sum S_i$ 表示社会总剩余价值，d_r 表示社会总利润的平分余量。根据本章第二节所述的"基本观点二"，有

$$\sum K_p + d_k = \sum K_w \qquad (5-3-5)$$
$$\sum W^T + d_w = \sum W_i \qquad (5-3-6)$$
$$\sum \bar{\pi} + d_r = \sum S_i \qquad (5-3-7)$$

因为
$$\sum \bar{\pi} + \sum K_p = \sum W^T$$
所以
$$\sum K_w - d_k + \sum S_i - d_r = \sum W_i - d_w$$
又因为
$$\sum K_w + \sum S_i = \sum W_i$$
所以
$$d_k + d_r = d_w \qquad (5-3-8)$$
又因为
$$d_r = \sum S_i - \sum \bar{\pi} =$$
$$\sum S_i - r(\sum K_p) =$$
$$\sum S_i - r(\sum K_w - d_k) =$$
$$\sum S_i - r\sum K_w + rd_k \qquad (5-3-8')$$
所以

$$d_w = \sum S_i - r\sum K_w + (1+r)d_k \qquad (5-3-8'')$$

平分余量除由技术条件 A 系统决定外，还受一些随机因素的影响[①]，假定已知：

$$d_k = E \qquad (5-3-9)$$

当 $E=0$ 时，有特殊情况：

$$d_k = 0 \qquad (5-3-9')$$

将由式 $(5-3-4)$ 求出的一组 w^T 的相对值代入式 $(5-3-5)$~式 $(5-3-9)$，并联立求解，可解出生产价格 w^T 的绝对量和平分余量 d_k, d_w, d_r。

根据本章第二节所述"基本观点三"，在实际经济生活中，平分余量通过实际（生产）价格和实际利润与生产价格和平均利润的偏离，分配到各个生产部门，构成实际社会总利润和实际社会总（生产）价格的一部分。用 $\sum W_s^T$ 表示实际社会总（生产）价格，$\sum \pi_s$ 表示实际社会总利润，有

$$\sum W_s^T = \sum W^T + d_w = \sum W_i$$

$$\sum \pi_s = \sum \bar{\pi} + d_r = \sum S_i$$

即总社会利润等于总剩余价值，社会总（生产）价格等于总价值。

到此，说明了以生产价格计量成本价格时，剩余价值转化为（以价值计量的）平均利润、价值转化为（以价值计量的）生产价格系统中各种量的相互关系及其完善性，完成了第一个和第二个任务。

下面，来讨论马克思所指出的以价值计量成本价格时的平均利润——生产价格系统对以生产价格计量成本价格时的平均利润生产价格系统的误差，以及两个系统间各种量的相互关系，从而说明马克思在《资本论》中以价值计量成本价格的平均利润-生产价格系统已揭示了平均利润-生产价格系统中量的基本规律，即完成第三个任务。

为了便于比较，以各部门产品的总量作为产品的单位。分别用 $\bar{r}_M$、W_{Mi}^T 和 K_{Mi} 表示以价值计量成本价格的平均利润-生产价格系统中的平均利润率、生产价格和成本价格，则有

$$\bar{r}_M = \frac{\sum S_i}{\sum (C_c + C_v)} \qquad (5-3-10)$$

$$W_{Mi}^T = K_{Mi}(1+\bar{r}_M) \qquad (5-3-11)$$

[①] 对平分余量决定的研究已超出本书的范围，不过也可构成进一步研究的对象。

论价格直接基础或价值转化形式

$$K_{Mi} = \sum_j (\alpha_{ij} W_j) = K_{wi} \qquad (5-3-12)$$

先来讨论两个系统中平均利润率之间的关系。我们知道,在以生产价格计量成本价格的平均利润-生产价格系统中,平均利润率可写为

$$r = \frac{\sum \bar{\pi}}{\sum K_p}$$

根据式(5-3-5)和式(5-3-9),得

$$r = \frac{\sum S_i - d_r}{\sum K_w - d_k} = \frac{\sum S_i - d_r}{\sum (C_c + C_v) - d_k} \qquad (5-3-13)$$

令

$$\gamma = \frac{\sum (C_c + C_v)}{\sum (C_c + C_v) - d_k} \frac{\sum S_i - d_r}{\sum S_i} \qquad (5-3-14)$$

则有

$$r = \gamma \frac{\sum S_i}{\sum (C_c + C_v)} \qquad (5-3-15)$$

根据式(5-3-10),得

$$r = \gamma \bar{r}_M \qquad (5-3-15')$$

因为 d_k, d_r 分别是 $\sum (C_c + C_v), \sum S_i$ 的相对小数,所以有

$$\gamma \approx 1 \qquad (5-3-16)$$
$$r \approx \bar{r}_M \qquad (5-3-17)$$

由此可见,平均利润率 r 本质上是由 $\dfrac{\sum S_i}{\sum (C_c + C_v)}$ 决定的,也就是说本质上是由剩余价值把资本量在社会资本中平均分配决定的。以生产价格计量成本价格所引起的只是平均利润率对 $\dfrac{\sum S_i}{\sum (C_c + C_v)}$ 的偏离。

用 $\Delta r = r - \bar{r}_M$ 表示以价值计量成本价格时,平均利润率的绝对误差,则有

$$\Delta r = \gamma \frac{\sum S_i}{\sum (C_c + C_v)} - \frac{\sum S_i}{\sum (C_c + C_v)} =$$

$$(\gamma - 1)\frac{\sum S_i}{\sum (C_c + C_v)}$$

相对误差

$$\delta_r = \frac{\Delta r}{\bar{r}_M} = \gamma - 1$$

因为 $\gamma \approx 1$,所以相对误差是比较小的。

再来讨论两个系统中生产价格之间的关系。

根据式(5-3-11)和式(5-3-12),有

$$W_{Mi}^T = (1 + \bar{r}_M) K_{Wi}$$

令

$$d_{ki} = K_{Wi} - K_i$$

为第 i 部门成本价格的平分余量,再根据式(5-3-15′),有

$$W_{Mi}^T = 1 + \frac{r}{\gamma} K_i + d_{ki} =$$

$$\frac{\gamma + r}{\gamma(1+r)}(1+r)K_i \frac{K_i + d_{ki}}{K_i}$$

令

$$L_i = \frac{(\gamma + r)}{\gamma(1+r)} \frac{K_i + d_{ki}}{K_i} \quad (5-3-18)$$

则

$$W_{Mi}^T = L_i W_i^T \quad (5-3-19)$$

因为 $\gamma \approx 1$,且 d_{ki} 是 K_i 的相对小量,所以

$$L_i \approx 1 \quad (5-3-20)$$
$$W_{Mi}^T \approx W_i^T \quad (5-3-21)$$

由此可见,以价值计量成本价格系统的生产价格确实是以生产价格计量成本价格系统的生产价格的近似值。两者的绝对误差为

$$\Delta W_i^T = W_i^T - W_{Mi}^T = (1 - L_i) W_i^T$$

相对误差为

$$\sigma_{pi} = \frac{\Delta W_i^T}{W_i^T} = 1 - L_i$$

因为 $L_i \approx 1$,所以误差是相对小的。

根据以上讨论,一方面,我们看到,以价值计量成本价格的平均利润-生产价格系统中的量,确实如马克思所指出的,存在着误差。另一方面,我们又看到,在《资本论》中,马克思以价值计量成本价格的平均利润-生产价格系统也

论价格直接基础或价值转化形式

确实揭示了平均利润-生产价格系统量的基本规律。因此,对于研究资本主义生产关系和基本规律的《资本论》来说,这个误差以及用生产价格计量成本价格的平均利润-生产价格系统,确实"没有进一步考察的必要"。到此,我们完成了第三个任务。

最后,来讨论从(以价值计量的)平均利润-生产价格系统转化为货币平均利润-货币生产价格系统时各种量的关系,从而进一步说明和理解上述已经基本解决了的三个问题。

用 P_i 表示单位 i 商品的货币生产价格,r^m 表示货币平均利润率,w_g^T 表示单位货币的(以价值计量的)生产价格,则有

$$P_i = \frac{w_i^T}{w_g^T} \tag{5-3-22}$$

$$r^m = \frac{\sum \frac{\bar{\pi}}{w_g^T}}{\sum \frac{K_p}{w_g^T}} = \frac{\sum \bar{\pi}}{\sum K_p}$$

得

$$r^m = r \tag{5-3-23}$$

根据式(5-3-15),仍然有

$$r^m \approx \frac{\sum S_i}{\sum (C_c + C_v)} \tag{5-3-24}$$

由此可得出关于货币平均利润-货币生产价格系统的第一个结论:货币平均利润-货币生产价格系统最终仍然是由价值系统和剩余价值在社会资本之间的平均分配所决定的。

用 w_i 表示单位 i 产品的价值,用

$$w_i^m = \frac{w_i}{w_g} \tag{5-3-25}$$

表示用货币表示的单位产品的价值,即单位 i 产品直接由价值决定的价格。用 w_g 表示单位货币的价值,用

$$\varepsilon = \frac{w_g^T}{w_g} \tag{5-3-26}$$

表示货币的生产价格对货币的价值的偏离率。用货币表现的价值总量和生产价格总量分别为

$$\sum W_i^m = \sum \left(\frac{W_i}{w_g}\right) = \frac{\sum W_i}{w_g} \tag{5-3-27}$$

$$\sum W_i^{\mathrm{T}} = \sum \left(\frac{W_i^{\mathrm{T}}}{w_{\mathrm{q}}^{\mathrm{T}}}\right) = \frac{\sum P}{w_{\mathrm{q}}^{\mathrm{T}}}$$

根据式(5-3-26)和式(5-3-27),有

$$\sum P = \frac{(\sum W_i) - d_{\mathrm{w}}}{\varepsilon w_{\mathrm{g}}} \qquad (5-3-28)$$

用货币表现的价值总量与生产价格总量之间的差为

$$\sum P - \sum W_i^{\mathrm{m}} = \frac{\sum W_i}{\varepsilon w_{\mathrm{g}}} - \frac{d_{\mathrm{w}}}{\varepsilon w_{\mathrm{g}}} - \frac{\sum W_i}{w_{\mathrm{g}}} =$$

$$\frac{\sum W_i}{w_{\mathrm{g}}}\left(\frac{1}{\varepsilon} - 1\right) - \frac{d_{\mathrm{w}}}{\varepsilon w_{\mathrm{g}}} =$$

$$\left(\sum W_i^{\mathrm{m}}\right)\left(\frac{1}{\varepsilon} - 1\right) - \frac{d_{\mathrm{w}}}{\varepsilon w_{\mathrm{g}}} \qquad (5-3-29)$$

由此可见,仅当 $\varepsilon = 1$,且 $d_{\mathrm{w}} = 0$ 时,

$$\sum P - \sum W_i^{\mathrm{m}} = 0$$

即以货币表示的价值总量等于以货币表示的生产价格总量。

用 $\sum \bar{\pi}^{\mathrm{m}}$ 表示以货币表示的平均利润总和,则有

$$\sum \bar{\pi}^{\mathrm{m}} = \frac{\sum \bar{\pi}}{w_{\mathrm{g}}^{\mathrm{T}}}$$

根据式(5-3-26)和式(5-3-9),有

$$\sum \bar{\pi}^{\mathrm{m}} = \frac{(\sum S_i) - d_{\mathrm{r}}}{\varepsilon w_{\mathrm{g}}} \qquad (5-3-30)$$

用 $\sum S_i^{\mathrm{m}}$ 表示以货币表示的剩余价值总和,则有

$$\sum S_i^{\mathrm{m}} = \frac{\sum S_i}{w_{\mathrm{g}}} \qquad (5-3-31)$$

以货币表示的平均利润总和与以货币表示的剩余价值之间的差额为

$$\sum \bar{\pi}^{\mathrm{m}} - \sum S_i^{\mathrm{m}} = \left(\sum S_i^{\mathrm{m}}\right)\left(\frac{1}{\varepsilon} - 1\right) - \frac{d_{\mathrm{r}}}{\varepsilon w_{\mathrm{g}}} \qquad (5-3-32)$$

由式(5-3-32)可见,仅当 $\varepsilon = 1$,且 $d_{\mathrm{r}} = 0$ 时,

$$\sum \bar{\pi}^{\mathrm{m}} - \sum S_i^{\mathrm{m}} = 0$$

即以货币表现的平均利润总量等于以货币表现的剩余价值总和。

论价格直接基础或价值转化形式

第一，$\varepsilon=1$ 意味着货币的生产价格等于其价值；第二，后面还会说明，当 $r=\dfrac{\sum S_i}{\sum(C_c+C_v)}$ 时，$d_w=d_r=0$。因此，可得出关于货币平均利润-货币生产价格系统的第二个结论：在一般情况下，在货币平均利润-货币生产价格系统中，不会存在"总计相等"的数量关系；只有在 $r=\dfrac{\sum S_i}{\sum(C_c+C_v)}$ 且货币的生产价格等于其价值这两个特殊条件同时存在的特殊情况下，才会存在"总计相等"的数量关系。

在以价值计量的平均利润-生产价格系统中，平均利润是剩余价值的分配形式，生产价格是价值的分配形式，所以必然有分配后的总量等于被分配的量的总和，即"总计相等"的数量关系。然而，在以货币表现的平均利润-生产价格系统中，不存在这种分配关系，因此，并不存在数量上"总计相等"的必然关系。

在以上的讨论中，第一，已经说明了剩余价值转化为平均利润、价值转化为生产价格中各种量的相互关系；第二，论证了马克思转化理论量的完善性；第三，证明了在《资本论》中，马克思已经揭示了平均利润-生产价格系统量的基本规律，"没有必要进一步考察"计算中的误差。因此，现在已经完成了本章第一节中提出的全部任务。

二、一个简单数例

下面，用一个极简单的数例（见表 5-3-1）来对上述讨论作一个具体的说明。

表 5-3-1

生产部门	q_i	$C_i=K_i$	资本有机构成	$S_i(s=20\%)$	W_i
Ⅰ	50	100	75∶25	50	150
Ⅱ	100	50	50∶50	50	100
总计	—	150	—	100	250

假定：生产部门Ⅰ生产 50 单位产品Ⅰ需要 30 单位产品Ⅰ，10 单位产品Ⅱ；生产部门Ⅱ生产 100 单位产品Ⅱ，需要 10 单位产品Ⅰ，20 单位产品Ⅱ。

先来计算以价值计量成本价格的平均利润-生产价格系统。

$$\bar{r}_M=\dfrac{\sum S_i}{\sum(C_c+C_v)}=\dfrac{100}{150}=\dfrac{2}{3}\approx 66.67\%$$

$$w_{M1}^T = \frac{1}{50}\left(100 + \frac{2}{3} \times 100\right) \approx 3.34$$

$$w_{M2}^T = \frac{1}{100}\left(50 + \frac{2}{3} \times 50\right) \approx 0.84$$

再来计算以生产价格计量成本价格的平均利润-生产价格系统。

根据假设,有

$$\alpha_{11} = \frac{30}{50} = 0.6 \qquad \alpha_{12} = \frac{10}{50} = 0.2$$

$$\alpha_{21} = \frac{10}{100} = 0.1 \qquad \alpha_{22} = \frac{20}{100} = 0.2$$

$$\boldsymbol{A} = (\alpha_{ij}) = \begin{bmatrix} 0.6 & 0.2 \\ 0.1 & 0.2 \end{bmatrix}$$

根据式(5-3-4)

$$[(1+r)\boldsymbol{A} - \boldsymbol{I}]\boldsymbol{w}^T = \boldsymbol{0}$$

有

$$\left[(1+r)\begin{bmatrix} 0.6 & 0.2 \\ 0.1 & 0.2 \end{bmatrix} - \begin{bmatrix} 1 & 0 \\ 0 & 1 \end{bmatrix}\right]\begin{bmatrix} w_1^T \\ w_2^T \end{bmatrix} = \boldsymbol{0}$$

由此解得

$$r = 3 - \sqrt{6} \approx 55.05\%, \boldsymbol{w}^T \approx k(4.45, 1), \text{即 } w_1^T \approx 4.45 w_2^T。$$

根据式(5-3-5)～式(5-3-7),有

$$(30 w_1^T + 10 w_2^T + 10 w_1^T + 20 w_2^T) + d_k = 150$$

$$(50 w_1^T + 100 w_2^T) + d_w = 250$$

$$(30 w_1^T + 10 w_2^T + 10 w_1^T + 20 w_2^T) \times 0.5505 + d_r = 100$$

为了简单,取式(5-3-9′)

$$d_k = 0$$

可解得

$$w_1^T \approx 3.21 \qquad w_2^T \approx 0.72$$

$$d_w \approx 1.75 \qquad d_r \approx 1.75$$

以及

$$\sum \bar{\pi} = r \sum K_p = (3 - \sqrt{6}) \times 150 \approx 82.5$$

总实际利润

$$\sum \pi_s = \sum \bar{\pi} + d_r = 100 = \sum S_i$$

总实际(生产)价格

$$\sum W_s^T = \sum W^T + d_w = 250 = \sum W_i$$

以价值计量成本价格系统对以生产价格计量成本价格的平均利润-生产价格系统的误差如下：

绝对误差：

$$\Delta r = r - \bar{r}_M = (3 - \sqrt{6}) - \frac{2}{3} \approx -11.62\%$$

$$\Delta w_1^T = w_1^T - w_{M1}^T \approx -0.13$$

$$\Delta w_2^T = w_2^T - w_{M2}^T \approx -0.12$$

相对误差：

$$\sigma_r = \left|\frac{\Delta r}{r_M}\right| \approx 17.5\%$$

$$\sigma_{P_1} = \left|\frac{\Delta w_1^T}{w_1^T}\right| \approx 3.4\%$$

$$\sigma_{P_2} = \left|\frac{\Delta w_2^T}{w_2^T}\right| \approx 7.5\%$$

三、特殊情况讨论

上面，我们说明了：在一般条件下，总剩余价值量和总价值量，按平均利润率的条件分配，是分不尽的，因此，有"平分余量"d_w, d_r, d_k 不等于零，并且

$$r = \gamma \frac{\sum S_i}{\sum (C_c + C_v)}$$

其中 $\gamma \approx 1$。

因此，只有在特殊条件下才会有总剩余价值量和总价值量能分得尽，因而

$$d_w = d_r = d_k = 0$$

并且 $\gamma = 1$

$$r = \frac{\sum S_i}{\sum (C_c + C_v)}$$

的特殊情况。下面，就来说明使这种特殊情况成立的特殊条件。

基本法则：

按平均利润率条件，总价值量和总剩余价值量能分得尽，因而 $d_w = d_r = d_k = 0$ 的条件为

$$r = \frac{\sum S_i}{\sum (C_c + C_v)} \quad \text{（条件一）}$$

即
$$\gamma = 1$$

证明:因为
$$r = \frac{\sum \bar{\pi}}{\sum K_p}$$

假定"条件一"存在,则有
$$\frac{\sum \bar{\pi}}{\sum K_p} = \frac{\sum S_i}{\sum (C_c + C_v)} \qquad (5-3-33)$$

根据"合比定理",由式(5-3-33)可得
$$\frac{\sum \bar{\pi}}{\sum K_p + \sum \bar{\pi}} = \frac{\sum S_i}{\sum (C_c + C_v) + \sum S_i} \qquad (5-3-34)$$

即
$$\frac{\sum \bar{\pi}}{\sum W^T} = \frac{\sum S_i}{\sum W_i} \qquad (5-3-34')$$

令
$$\sum \bar{\pi} = \sum S_i$$

与式(5-3-4)联立解出生产价格 w_i^T 的绝对量时,根据式(5-3-34'),同时有
$$\sum W^T = \sum W_i$$

成立。因而也有
$$\sum K_p = \sum K_w$$

成立。根据式(5-3-5)~式(5-3-7),有
$$d_w = d_r = d_k = 0$$

证毕。

"条件一"又可写为
$$|[(1+r_M)\boldsymbol{A} - \boldsymbol{I}]| = \boldsymbol{0}$$

很清楚,"条件一",在一般经济系统中是不存在的,只有在偶然的特殊经济系统中才存在。下面,介绍一种(不是唯一的一种)使"条件一"存在的特殊经济系统。

在条件 ① 所有的利润(剩余价值)都用于扩大再生产,② 生产过程的技术条件不变(下面将这两个条件合称为"条件二")同时存在的经济系统中,"条件一"存在。

论价格直接基础或价值转化形式

证明:假定"条件二"存在,根据其中②生产过程的技术条件不变,社会用于扩大再生产的追加投入中各产品的比例与前期社会生产中使用的各产品的比例相同。用 Q_j 表示第 j 产品在社会生产中的投入量,ΔQ_j 表示社会扩大再生产追加的第 j 产品的投入量,根据

$$A = \begin{bmatrix} \alpha_{11} & \alpha_{12} & \cdots & \alpha_{1n} \\ \vdots & \vdots & & \vdots \\ \alpha_{n1} & \alpha_{n2} & \cdots & \alpha_{nn} \end{bmatrix}$$

有

$$Q_j = \sum_i \alpha_{ij}$$

$$\frac{\Delta Q_i}{\Delta Q_j} = \frac{Q_i}{Q_j} \qquad (5-3-35a)$$

由此可得

$$\frac{\Delta Q_i}{Q_i} = \frac{\Delta Q_j}{Q_j} \qquad (5-3-35b)$$

因为

$$\frac{\Delta Q_i}{Q_i} = \frac{W_i \Delta Q_i}{W_i Q_i} \qquad (5-3-35c)$$

所以有

$$\frac{W_i \Delta Q_i}{W_i Q_i} = \frac{W_j \Delta Q_j}{W_j Q_j} \qquad (5-3-35d)$$

根据式(5-3-35c)和式(5-3-35d),有

$$\omega_i = \frac{\Delta Q_i}{Q_i} = \frac{\sum_i (W_i \Delta Q_i)}{\sum_i (W_i Q_i)}$$

因为

$$\sum (W_i Q_i) = \sum K_w = \sum (C_c + C_v)$$

且根据"条件二"中①全部剩余价值用于扩大再生产,有

$$\sum (W_i Q_i) = \sum S_i$$

所以

$$\omega_i = \frac{\Delta Q_i}{Q_i} = \frac{\sum S_i}{\sum (C_c + C_v)} \qquad (5-3-35e)$$

在社会扩大再生产的条件下,各种产品总量超过生产中消耗的该产品的

数量的部分——剩余产品应该等于 ΔQ_i。将 $\omega_i = \dfrac{\Delta Q_i}{Q_i}$ 称为第 i 产品的剩余产品率,根据式(5-3-35e),可知在"条件二"中,各产品的剩余产品率相等,记作 ω,有

$$\omega = \frac{\sum S_i}{\sum (C_c + C_v)} \qquad (5-3-35\mathrm{f})$$

用 A^* 表示 A 的转置矩,用

$$\bar{q} = \begin{bmatrix} q_1 \\ q_2 \\ \vdots \\ q_n \end{bmatrix}$$

表示在社会生产中各产品的比例,则有

$$[A^*(1+\omega)-I]\,\bar{q}=0 \qquad (5-3-35\mathrm{g})$$

可以看出 $(1+\omega)^{-1}$ 是 A^* 的 Frobuis 根。由于 A 和 A^* 的 Frobuis 根相等,所以 $(1+\omega)^{-1}$ 也是 A 的 Frobuis 根。根据式(5-3-4),又知 $(1+\bar{r})^{-1}$ 也是 A 的 Frobuis 根,所以有

$$r = \omega$$

根据式(5-3-35e),有

$$r = \frac{\sum S_i}{\sum (C_c + C_v)}$$

即"条件一"存在。

证毕。

由此可见,在全部剩余价值(利润)用于扩大再生产且生产过程的技术条件不变这样一种特殊经济系统中,以下四式同时成立:

(1) $r = \dfrac{\sum S_i}{\sum (C_c + C_v)}$;

(2) $\sum K_p = \sum K_w$,即 $d_k = 0$;

(3) $\sum W^T = \sum W_i$,即 $d_w = 0$;

(4) $\sum \bar{\pi} = \sum S_i$,即 $d_r = 0$。

论价格直接基础或价值转化形式

本章小节

一、研究"价值转形问题"必须立足于三个基本观点和两个重要前提

三个基本观点:第一,马克思价值转化为生产价格理论实质上是讨论:价值和剩余价值,以生产价格的形式,按平均利润标准,在不同部门资本之间的分配;第二,社会总价值和总剩余价值,以生产价格形式,按平均利润率标准分配,不能被分尽,会有一个平分余量;第三,在实际市场运行中,在市场(生产)价格的波动中,平分余量会被分配到某些部门,构成这些部门市场实际利润和市场(生产)价格的一部分。

两个重要前提:第一,"两个总计相等"是研究的自然前提和出发点,而不是计算结果,不是需要用数学方法求证的命题;第二,度量单位是劳动时间。

二、生产价格的精确值可通过求相对生产价格和绝对生产价格两个步骤而得到

1. 求相对生产价格

根据根据 Frobenius 定律,马克思生产价格方程组

$$[(1+r)A-I]w^T=0$$

有唯一一组正实数解:利润率 $r(\lambda)$ 和相对生产价格 w^T,这组解是由生产价格方程组自身决定的,或者说是由矩阵 A 决定的。

2. 求绝对生产价格

要求出生产价格的绝对值,或者说要求出绝对生产价格,还需要一个方程。有下列三个方程可供选择:

第一个是生产价格总量等于价值总量:

$$\sum W^T = \sum W$$

第二个是平均利润总量等于剩余价值总量

$$\sum \pi = \sum S$$

由这两个方程,可得第三个方程:以生产价格计算的总成本等于以价值计算的总成本

$$\sum C = \sum C_w$$

在这三个方程中任选一个方程,与相对生产价格联立求解,便可求出绝对

生产价格和相应的平分余量。

三、验证"两个总计相等"

在实际经济生活中,各部门的市场实际利润和市场(生产)价格并不绝对等于(理论)平均利润和(理论)生产价格,有的会高些,有的会低些。平分余量会在实际经济生活中分到某些部门,构成这些部门市场实际利润和市场(生产)价格的一部分,因而也构成总市场实际利润和总市场(生产)价格的一部分,即

$$\sum W_s^T = \sum W^T + d_w$$
$$\sum \pi_s = \sum \pi + d_r$$

并且有

$$\sum W_s^T = \sum W$$
$$\sum \pi_s = \sum S$$

即总市场实际利润等于总剩余价值,总市场(生产)价格等于总价值。

四、近似计算中的"误差"及近似值计算的作用

1. 平均利润率误差

平均利润的精确值与近似值的关系为

$$r = \gamma r_w$$

平均利润率的近似值对精确值的绝对误差和相对误差为

$$\Delta r = r(1 - \frac{1}{\gamma})$$

和

$$\delta_r = 1 - \frac{1}{\gamma}$$

因为 $\gamma \approx 1$,所以 $r \approx r_w$,并且,绝对误差和相对误差都是很小的。因此:

平均利润率 r 本质上是由 $\dfrac{\sum S}{\sum (C_c + C_v)}$ 决定的,也就是说本质上是由剩余价值按资本量在社会资本中平均分配决定的。以生产价格计量成本价格所引起的只是平均利润率对 $\dfrac{\sum S}{\sum (C_c + C_v)}$ 的偏离。

论价格直接基础或价值转化形式

2. 生产价格误差

生产价格的精确值与近似值之间的关系为

$$W_{wi}^T = \theta_i W_i^T$$

生产价格近似值对精确值的绝对误差和相对误差为

$$\Delta W_i^T = (1-\theta_i) W_i^T$$

和

$$\delta_{\rho i} = 1 - \theta_i$$

因为 $\theta_i \approx 1$,所以 $W_{wi}^T \approx W_i^T$,并且,绝对误差和相对误差都是很小的。因此:

以价值计算成本价格系统的生产价格确实是以生产价格计算成本价格系统的生产价格的近似值。所以,在《资本论》中,马克思以价值计算成本价格的"平均利润-生产价格系统"也确实揭示了"平均利润-生产价格系统"量的基本规律。

3. 近似值计算的作用:揭示本质

首先

$$r_w = \frac{\sum S}{\sum(C_c + C_v)}$$

揭示了平均利润率本质上是剩余价值的分配率,是剩余价值的分配标准。这是精确值计算所无法说明的。

其次

$$\pi_{wi} = \frac{C_{wi}}{\sum(C_c + C_v)} \sum S$$

揭示了平均利润是剩余价值按资本量在各部门之间的平均分配。这也是精确值计算所无法说明的。因此,对于揭示资本主义经济的本质而言,近似值的计算不仅是一种简单有效的方法,而且是一种必不可少的方法。

第六章 博氏模型及其评论者分析

"价值转形问题"于1907年由俄国统计学家博特凯维兹提出,至今已争论了近百年。几乎所有的价值转形问题讨论者都有一个共同的缺陷:不懂得平均利润和生产价格是剩余价值和价值的分配形式,以及由此推出的,在第五章中指出的"三个基本观点"。由于这个缺陷,他们都没有能够正确地解释和解决价值转形问题。但是,这些讨论使正确解决价值转形问题的思想不断发展,日益明显,从而使我们今天能够较完善、较正确地解决这一问题。

价值转形问题讨论者大体可以分为三种类型:第一类,认为"两个总计等式"不能同时成立;第二类,认为"两个总计等式"只能在特殊的条件下成立;第三类,认为在转形中生产价格和平均利润与价值和剩余价值无关,从而否定马克思的劳动价值学说。属于第一类的,主要有博特凯维兹、温特尼兹和米克等;属于第二类的,主要有塞顿和森岛通夫;属于第三类的,主要有斯蒂德曼和萨缪尔逊。

以下三章,将根据第五章提出的基本理论,按照这三个类型的划分,介绍和评论关于"价值转形问题"的代表性模型,并着力揭示解决价值转形问题的思想发展线索。

第一节 博氏模型分析

一、博氏模型

1907年,俄国统计学家柏林大学教授冯·博特凯维兹(L. Von. Bortkiewicz)连续发表了两篇论文:一篇是《马克思体系中的价值计算和价格计算》,一篇是《"资本论"第三卷中马克思基本理论结构的修正》。在文章中,他认为,由于马克思是以价值而不是以生产价格计量成本价格的,所以马克思

论价格直接基础或价值转化形式

将价值转化为生产价格时所作的计算是不完善的。对此,博特凯维兹提出了自己的解决方案(我们简称为"博氏模型")。

下面,简单介绍一下"博氏模型"。

博特凯维兹将社会生产分为三个部类:第一部类,是生产生产资料的部门;第二部类,是生产工人消费品的部门;第三部类,是生产资本家消费品(奢侈品)的部门。用 C,V,S 分别表示不变资本、可变资本和剩余价值。假定社会生产是简单再生产,有

$$\left.\begin{array}{l}C_1+V_1+S_1=C_1+C_2+C_3\\C_2+V_2+S_2=V_1+V_2+V_3\\C_3+V_3+S_3=S_1+S_2+S_3\end{array}\right\} \qquad (6-1-1)$$

分别用 x,y,z 表示生产资料、工资品、奢侈品生产价格对各自价值的比率,即偏离率;用 r 表示平均利润率,有

$$\left.\begin{array}{l}(1+r)(C_1x+V_1y)=(C_1+C_2+C_3)x\\(1+r)(C_2x+V_2y)=(V_1+V_2+V_3)y\\(1+r)(C_3x+V_3y)=(S_1+S_2+S_3)z\end{array}\right\} \qquad (6-1-2)$$

令总价值等于总生产价格,有

$$(C_1+C_2+C_3)x+(V_1+V_2+V_3)y+(S_1+S_2+S_3)z=$$
$$(C_1+C_2+C_3)+(V_1+V_2+V_3)+(S_1+S_2+S_3) \qquad (6-1-3)$$

方程组式(6-1-2)和式(6-1-3)共四个方程,其中有四个未知数 x,y,z 和 r,因而,联立求解就可解得唯一解。

博特凯维兹认为,以上价值和生产价格都是以劳动时间,即价值来计量的,但是从数学的观点看,有另一个更加简单因而更加吸引人的办法——用货币(即价格)计量价值和生产价格。假定奢侈品的生产价格对价值的偏离率与作为货币的金的生产价格对价值的偏离率相等,并且等于 1,即

$$z=1 \qquad (6-1-4)$$

将式(6-1-4)代入方程组式(6-1-2),便可以求出唯一解。

博特凯维兹举了以下数例(我们称为"数例一")来说明他的上述解法。

表 6-1-1 所列是一组假设的数据,表 6-1-2 所列是以价值计量成本价格计算的生产价格,表 6-1-3 所列是按博氏模型计算的生产价格。

表 6-1-1　价值计算（数例一）

部类	不变资本 C	可变资本 V	剩余价值 S	价值 $C+V+S$	剩余价值率 S/V	资本有机构成 $\dfrac{C}{C+V}$	利润率 $\dfrac{S}{C+V}$
Ⅰ	250	75	75	400	100%	70%	23%
Ⅱ	50	75	75	200	100%	40%	60%
Ⅲ	100	50	50	200	100%	$66\dfrac{2}{3}\%$	$33\dfrac{1}{3}\%$
总计	400	200	200	800	100%	$66\dfrac{2}{3}\%$	$33\dfrac{1}{3}\%$

表 6-1-2　马克思的生产价格计算（数例一）

部类	不变资本	可变资本	剩余价值	价值	平均利润	生产价格	生产价格与价值的偏离
Ⅰ	250	75	75	400	$108\dfrac{1}{3}$	$433\dfrac{1}{3}$	$+33\dfrac{1}{3}$
Ⅱ	50	75	75	200	$41\dfrac{1}{3}$	$166\dfrac{2}{3}$	$-33\dfrac{1}{3}$
Ⅲ	100	50	50	200	50	200	0
总计	400	200	200	800	200	800	0

表 6-1-3　博氏模型生产价格计算（数例一）

部类	不变资本	可变资本	平均利润	平均利润率	生产价格
Ⅰ	$281\dfrac{1}{4}$	$56\dfrac{1}{4}$	$112\dfrac{1}{2}$	$33\dfrac{1}{3}\%$	450
Ⅱ	$56\dfrac{1}{4}$	$56\dfrac{1}{4}$	$37\dfrac{1}{2}$	$33\dfrac{1}{3}\%$	150
Ⅲ	$112\dfrac{1}{2}$	$37\dfrac{1}{2}$	50	$33\dfrac{1}{3}\%$	200
总计	450	150	200	$33\dfrac{1}{3}\%$	800

论价格直接基础或价值转化形式

从表 6-1-1 和表 6-1-3 可以看到,按博氏模型求出的平均利润总和等于剩余价值总和,生产价格总和等于价值总和,平均利润率等于剩余价值总和与资本总和的比率。

博特凯维兹说:"数例一"中两个总计相等只是一种偶然的情况,这是由于在这个数例中作为货币的金的生产部门的资本有机构成($66\frac{2}{3}\%$)等于社会平均资本有机构成($66\frac{2}{3}\%$);如果作为货币的金的生产部门的资本有机构成不等于社会平均资本有机构成,那么,社会生产价格总和就不会与社会价值总和相等;而作为货币的金的生产部门的资本有机构成不等于社会平均资本有机构成是普遍的一般情况,所以社会总生产价格不等于社会总价值就是普遍的一般情况。表 6-1-4 和表 6-1-5 所列是博特凯维兹为说明这一问题所举的数例(我们称为"数例二")。在这里,第Ⅲ部类(金)的资本有机构成为 $33\frac{5}{7}\%$,社会平均资本有机构成为 $55\frac{5}{9}\%$,两者不等;生产价格总和(1 000)不等于价值总和(875)。

表 6-1-4　价值计算(数例二)

部类	不变资本	可变资本	剩余价值	价值
Ⅰ	225	90	60	375
Ⅱ	100	120	80	300
Ⅲ	50	90	60	200
总计	375	300	200	875

表 6-1-5　博氏模型生产价格(数例二)

部类	不变资本	可变资本	平均利润	生产价格
Ⅰ	228	96	96	480
Ⅱ	128	128	64	320
Ⅲ	64	96	40	200
总计	480	320	200	1 000

二、博氏模型分析

(一)博氏模型是价值转形问题的特例

博氏模型中方程组式(6-1-2)实质上是第五章中解"转形问题"的方程组式(5-3-4)的一个特例。可以证明如下。

分别用 W_1, W_2, W_3 表示三个部类的总产品价值,由于假定社会生产是简单再生产,根据式(6-1-1),有

$$\sum C = W_1 \qquad \sum V = W_2 \qquad \sum S = W_3$$

令

$$\gamma_{11} = \frac{C_1}{W_1} \qquad \gamma_{12} = \frac{V_1}{W_1} \qquad \gamma_{13} = \frac{S_1}{W_1}$$

$$\lambda_{21} = \frac{C_2}{W_2} \qquad \gamma_{22} = \frac{V_2}{W_2} \qquad \gamma_{23} = \frac{S_2}{W_2}$$

$$\gamma_{31} = \frac{C_3}{W_3} \qquad \gamma_{32} = \frac{V_3}{W_3} \qquad \gamma_{33} = \frac{S_3}{W_3}$$

用

$$A_3' = (\gamma_{ij})_3$$

来表示这个价值系数矩阵。可以看出 γ_{ij} 是单位价值产品 i 中包含的 j 产品的价值量。

令

$$\overline{X} = \begin{bmatrix} x \\ y \\ z \end{bmatrix}$$

博式模型的方程组式(6-1-2)可写为

$$(1+r)A_3'\overline{X} = \overline{X} \qquad (6-1-5)$$

或

$$[(1+r)A_3' - I]\overline{X} = 0 \qquad (6-1-6)$$

其中 r 为平均利润率,I 为单位矩阵。

用 $\dot{W}$ 表示单位产品价值对角矩阵,w^T 表示生产价格向量,A_3 表示三个部类的实物系数矩阵,则有

$$A_3' = \dot{W}^{-1} A_3 \dot{W}$$

论价格直接基础或价值转化形式

$$\overline{X} = \dot{W}^{-1} w^{\mathrm{T}}$$

代入式(6-1-5),得

$$(1+r)\dot{W}^{-1} A_3 \dot{W} \dot{W}^{-1} w^{\mathrm{T}} = \dot{W}^{-1} w^{\mathrm{T}}$$

得

$$(1+r) A_3 w^{\mathrm{T}} = w^{\mathrm{T}} \qquad (6-1-5')$$

或

$$[(1+r) A_3 - I] w^{\mathrm{T}} = \mathbf{0} \qquad (6-1-6')$$

将式(6-1-6')与式(5-3-4)比较,可知,博氏模式中方程组式(6-1-2)是在社会生产分为三个部类和简单再生产这两个特殊条件下的特例。

博氏模型中"数例一",进一步假定作为货币的金的生产部门的资本有机构成等于社会平均资本有机构成。所以,博氏模型"数例一"是在社会生产分为三个部类、简单再生产、奢侈品生产部门资本有机构成等于社会平均资本有机构成这三个特殊条件下的特例(这一点请注意,后面我们将看到这正是塞顿模型的前身)。在这三个特殊条件下,有平均利润率 $r = 33\frac{1}{3}\%$ 与 $\frac{\sum S_i}{\sum (C_c + C_v)} = 33\frac{1}{3}\%$ 相等,根据第五章中"条件一"可知,自然有"总平均利润=总剩余价值""总生产价格=总价值"两个等式同时成立。

(二)博氏模型的错误

博氏模型的错误,首先在于没有充分理解平均利润和生产价格是剩余价值和价值的分配形式,进而没有把握第五章所述的三个基本观点。所以,博特凯维兹不是从剩余价值转化为平均利润、价值转化为生产价格的过程中寻找现实的各种量的相互关系,说明马克思转化理论量的完善性,而是用简单的假定总生产价格=总价值的方法来解"转形问题"。

其次,正是由于博特凯维兹没有充分理解平均利润和生产价格是剩余价值和价值的分配形式,因而错误地认为用以货币(价格)度量的转化过程中的各量来代替以劳动时间(价值)度量的各量不会产生本质的差别。正是这一"从数学观点看,更加简单因而更加吸引人的办法",使他错误地以"数例二"中货币生产价格总和不等于以货币度量的价值总和的情况,得出在一般条件下生产价格总和不等于价值总和的结论。

在第五章中,我们已经说明了,在以价值计量的平均利润-生产价格系统中,由于平均利润和生产价格是剩余价值和价值实体的分配,所以自然有总量相等的前提关系;而在以货币计量的平均利润-生产价格系统中,不存在这种分配关系,所以也并不必然存在总量相等的关系。因此,博特凯维兹用以货币计量的平均利润-生产价格系统中量的关系来否定以价值计量的平均利润-生产价格系统中量的关系的推论是根本错误的。

用第五章中关于转形问题的解法来求一下博氏模型"数例二"中各量的现实关系。

将表6-1-1数据看作以价值计量的量代入博氏模型式(6-1-2),可求得

$$\begin{bmatrix} x \\ y \\ z \end{bmatrix} = k \begin{bmatrix} \frac{32}{25} \\ \frac{16}{15} \\ 1 \end{bmatrix}$$

$$r = 25\%$$

其中 k 为任意常数。

将这些数据代入第五章中式(5-3-5)~式(5-3-8)和式(5-3-9′),可求得

$$\begin{bmatrix} x \\ y \\ z \end{bmatrix} = \begin{bmatrix} \frac{9}{10} \\ \frac{59}{50} \\ \frac{27}{30} \end{bmatrix}$$

$$d_k = 0, d_w = d_r = 31.25$$

由此可得

$$\sum K_s = \sum K_p + d_k = 675 = \sum K_w$$
$$\sum W_s^T = \sum W^T + d_w = 843.75 + 31.25 = 875 = \sum W_i$$
$$\sum \pi_s = \sum \bar{\pi} + d_r = 200 = \sum S_i$$

如果进一步转入以货币计量的平均利润-生产价格系统,分别用 x^m, y^m 和 z^m 表示货币生产价格对以货币计量的价值的偏离率,则有

论价格直接基础或价值转化形式

$$\begin{bmatrix} x^m \\ y^m \\ z^m \end{bmatrix} = \begin{bmatrix} \dfrac{32}{25} \\ \dfrac{16}{15} \\ 1 \end{bmatrix}$$

和

$$\sum P = 1000$$

$$\sum \overline{\pi}^m = 200$$

当假定单位金的价值等于 1 时(博特凯维兹没有注意到需要这一假定),有

$$\sum W_i^m = 875$$

$$\sum S_i^m = 200$$

这正是博式模型"数例二"所求得的数据。

如果假定单位金的价值为 w_g,则

$$\sum P = 875/w_g$$

$$\sum \overline{\pi}^m = 200/w_g$$

由此可见,博特凯维兹混淆了两个不同层次的问题。

第三,博特凯维兹对货币生产价格总和与以货币计量的价值总和不等的原因的解释是不完全的。

根据第五章式(5-3-30),可得

$$\sum P - \sum W_i^m = \frac{1}{w_g}\left[\left(\frac{1}{\varepsilon} - 1\right)\left(\sum W_i\right) - \frac{d_w}{\varepsilon}\right] \quad (6-1-7)$$

由此可知,当且仅当 $\varepsilon = 1, d_w = 0$ 同时存在时:

$$\sum P - \sum W_i^m = 0$$

即货币生产价格总和等于以货币计量的价值总和。

而博特凯维兹把货币生产价格总和与以货币计量的价值总和不等的原因仅仅归结为:作为货币的金的生产部门的资本有机构成与社会平均资本有机构成不等。因为 $\varepsilon = \dfrac{P_g}{w_g}$ 是金的生产价格与其价值的偏离率,所以当金生产部门的资本有机构成等于社会平均资本有机构成时,$\varepsilon = 1$;不等时,$\varepsilon \neq 1$。可见,博特凯维兹确实指出了货币生产价格总和与以货币计量的价值总和不等的原因之一。但是,他没有看到另一个因素——$d_w \neq 0$。我们已知 $d_w = 0$ 的条件是平均利润率 $r = \dfrac{\sum S_i}{\sum(C_c + C_v)}$。在博氏模型"数例二"中,$r = 25\%$,$\dfrac{\sum S_i}{\sum(C_c + C_v)} \approx$

29.63%,两者不等。所以,在该数例中货币生产价格总和与以货币计量的价值总和不等的原因,除了金生产部门的资本有机构成不等于社会平均资本有机构成外,还有平均利润率 r 不直接等于 $\dfrac{\sum S_i}{\sum (C_c + C_v)}$,即 $\gamma \neq 1$ 。

(三)总评

综上所述,可以看到,第一,博氏模型正确地提出了用线性方程组求解转形问题的方法,这是博特凯维兹的重要贡献;第二,博氏模型是有很大局限性的,它只是转形问题解法在极特殊的假定下的特例;第三,博特凯维兹没有充分理解平均利润和生产价格是剩余价值和价值的分配形式,所以博氏模型没有能正确地确定转形问题中各量的现实关系,证明马克思转化理论量的完善性,因而没有能解决转形问题;第四,由于同一原因,博氏模型中还存在一系列错误的计算和结论,其中最错误的是:断言在一般条件下生产价格总和不等于价值总和。

第二节 博氏模型的评论者和修正者分析

1942 年,斯威齐在《资本主义的发展理论》一书中介绍了博特凯维兹的基本观点,并且给予了很高的评价。由此引起了西方经济学界对价值转形问题的注意,并且展开了争论。这些争论在一个相当长的时期内主要是围绕着博氏模型展开的,争论者多是对博氏模型进行评价或修正。下面介绍几个主要代表者。

一、温特尼茨(J. Winternitz)

1948 年 6 月,温特尼茨在《价值与价格——所谓"转形问题"的一个解法》一文中,批评了博氏模型,并且提出了自己的解法(简称为"温氏模型")。

(一)温氏模型

温特尼茨指出博氏模型设置了不必要的假定前提:①简单再生产;②第三部类(奢侈品生产)的产品在转化过程中不受影响,即 $z=1$。他认为解决"转形问题"并不需要这些特殊的前提。

温特尼茨分别用 x, y, z 表示生产价格对价值的偏移率,分别用 a_1, a_2, a_3

论价格直接基础或价值转化形式

表示三个部类产品的总价值,并且建立方程组:

价值:
$$\left.\begin{array}{l}C_1+V_1+S_1=a_1\\C_2+V_2+S_2=a_2\\C_3+V_3+S_3=a_3\end{array}\right\} \quad (6-2-1)$$

生产价格:
$$\left.\begin{array}{l}C_1\dot{x}+V_1y+S_1=a_1x\\C_2\dot{x}+V_2y+S_2=a_2y\\C_3\dot{x}+V_3y+S_3=a_3z\end{array}\right\} \quad (6-2-2)$$

用 P 表示利润率,因为各部门利润率相等,所以有

$$1+P=\frac{a_1x}{C_1x+V_1y}=\frac{a_2y}{C_2x+V_2y} \quad (6-2-3)$$

由式(6-2-3)可求得平均利润率,由式(6-2-2)可求得 x,y,z 的相对量。为了求得 x,y,z 的绝对量,温特尼茨认为还需要一个方程式。他认为生产价格总和等于价值总和是"符合马克思体系精神的明确的前提",所以有

$$a_1x+a_2y+a_3z=a_1+a_2+a_3 \quad (6-2-4)$$

由此便可求得 x,y,z 的绝对量。

(二)温氏模型分析

第一,温氏模型克服了博氏模型简单再生产的局限性。

首先,必须澄清温氏模型中的一个混乱。温氏模型式(6-2-1)中,S 表示剩余价值,但是在式(6-1-2)中,S 不再表示剩余价值,而是表示平均利润。这一点可由式(6-2-3)推出。根据式(6-2-3)和式(6-2-2),有

$$1+P=\frac{a_1x}{C_1x+V_1y}=\frac{C_1x+V_1y+S_1}{C_1x+V_1y}=1+\frac{S_1}{C_1x+V_1y}$$

因此

$$P=\frac{S_i}{C_ix+V_iy} \quad i=1,2,3$$
$$S_i=P(C_ix+V_iy) \quad (6-2-5)$$

因为 P 是平均利润率,所以 S_i 是平均利润。

将式(6-2-5)代回到式(6-2-2)中,并用 r 代替 P 表示平均利润率,则有

$$\left.\begin{array}{l}(1+r)(C_1 x+V_1 y)=a_1 x\\(1+r)(C_2 x+V_2 y)=a_2 y\\(1+r)(C_3 x+V_3 y)=a_3 z\end{array}\right\} \qquad (6-2-2')$$

将式(6-2-2')和式(6-2-4)与博式模型式(6-1-2)和式(6-1-3)比较，便可清楚地看到，温氏模型是博氏模型克服了简单再生产假设局限性的一般化。

第二，温氏模型没有克服博氏模型其他的局限性和错误。

温特尼茨和博特凯维兹一样，没有充分理解平均利润和生产价格是剩余价值和价值的分配形式，所以没有能克服博氏模型的其他局限性和错误。首先，温氏模型没有克服博氏模型将社会生产分作三个部类的局限性。其次，温氏模型与博氏模型一样，试图用简单的假定生产价格总和与价值总和相等来解转形问题。虽然温特尼茨批评博氏模型中 $z=1$ 的假设，但是他并没有认识到博氏模型从以价值计量的平均利润-生产价格系统转移到以货币计量的平均利润-生产价格系统的错误，而是误以为博氏模型假定了第Ⅲ部类产品不发生转形问题，即生产价格＝价值。实际上，博氏模型并没有这种假定。其"数例二"讨论的正是当第Ⅲ部类产品生产价格不等于价值时，在以货币计量的平均利润-生产价格系统中各种量的相互关系。

综上所述，温氏模型的贡献在于它克服了博氏模型简单再生产的局限性；另一方面，由于温特尼茨没有充分理解平均利润率和生产价格是剩余价值和价值的分配形式，所以没有克服博氏模型的其他局限性和错误，因而没有能够正确地确定转形问题中量的相互关系，证明马克思转化理论量的完善性，从而解决转形问题。

二、米克(L. Meek)

英国经济学家米克，关于价值转形问题，写了许多文章。主要有《关于转形问题的若干考察》(1956年)，《劳动价值学说的研究》中第五章第四节"'资本论'第三卷的分析"(1956年)，该书"第二版导言"(1973年)、《斯密、马克思及其以后》(1977年)有关马克思的部分。米克对"转形问题"的研究是从对博氏模型和温氏模型的评论和修正开始的，后来不断提出自己的一些新观点。这里仅对他关于价值转形问题的主要论点进行评价。

论价格直接基础或价值转化形式

(一)米氏模型

在《劳动价值学说的研究》中,米克介绍了博氏模型和温氏模型。他认为,根据这两个模型可以得出结论:"转化后,总利润等于总剩余价值,同时总生产价格等于总价值;通常是不可能的。除掉极其例外的情形,我们一般可能保持两个等量中的一个,而不是两个。倘使马克思特别注意这个问题,他很可能重新表述关于总价格等于总价值的一些说法。"[①]他还认为,要用博氏模型和温氏模型说明转形问题,还需要补充一个"对马克思来说"的基本要点:"在总剩余价值转化为利润从而价值转化为价格以后,劳动力价值与一般商品价值间的根本比率,可以认为不因转化而有所改变。"[②]即

$$\frac{\sum a}{\sum V} = \frac{\sum a_i P_i}{\sum V P_2} \qquad (6-2-6)$$

这要假定第Ⅱ部类(工资产品生产)资本有机构成等于社会平均资本有机构成,即

$$\frac{C_2}{V_2} = \frac{\sum C_i}{\sum V_i} \qquad (6-2-7)$$

在《劳动价值学说的研究》第二版导言中,米克给出了自己解决转形问题的方程组。他用 P_1, P_2, P_3 代替博氏模型和温氏模型中的 x, y, z 来分别表示第Ⅰ,Ⅱ,Ⅲ部类产品生产价格对价值的偏离系数,写出方程组:

$$\left.\begin{array}{l}(1+r)(C_1 P_1 + V_1 P_2) = a_1 P_1 \\ (1+r)(C_2 P_1 + V_2 P_2) = a_2 P_2 \\ (1+r)(C_3 P_1 + V_3 P_2) = a_3 P_3\end{array}\right\} \qquad (6-2-8)$$

要确定 P_1, P_2 和 P_3 的绝对量,还需要第四个方程。米克认为下列三个方程在形式上都一样好地可以作为第四个方程的候选者:

(Ⅰ) $\qquad r[\sum(CP_1 + VP_2)] = E(\sum V) \qquad (6-2-9a)$

(总平均利润=总剩余价值,E 是社会剩余价值率)

(Ⅱ) $\qquad a_1 P_1 + a_2 P_2 + a_3 P_3 = a_1 + a_2 + a_3 \qquad (6-2-9b)$

(总生产价格=总价值)

(Ⅲ) $\qquad P_j = 1 \qquad (6-2-9c)$

(行业中的一个行业 j 被假定为黄金生产业)

---

① 米克.劳动价值学说的研究.陈彪如,译.北京:商务印书馆,1963:215.
② 米克.劳动价值学说的研究.陈彪如,译.北京:商务印书馆,1963:221.

米克认为:"马克思本人所愿意选取的一个是(Ⅱ)"①,即生产价格总额＝价值总额。

但是,在《斯密、马克思及其以后》中,米克又认为:"对马克思说来,重要的事情是……利润总额必须等于预先决定的剩余价值总额"(即(Ⅰ)),这是因为:"马克思本人的颇为粗糙的转化方法中,剩余价值总额的再分配造成了价格总额等于价值总额的状况"。②

(二)米氏模型分析

第一,米克基本上接受了温氏模型,自己并没有提出新的模型。我们将米氏模型式(6-2-8)和温氏模型式(6-2-2′)相比,就可以清楚地看到这一点。特别是1973年的米氏模型,我们将式(6-2-9b)与式(6-2-4)相比,就会清楚地看到它完全是温氏模型。

第二,米克在1977年的文章中,强调了应该选用"平均利润总额＝剩余价值总额"为第四个方程,在说明这一选择时,他接触到应从剩余价值的分配来研究"转形问题"这一重要原理。

第三,米克仍然没有充分理解平均利润和生产价格是剩余价值和价值的分配形式这一基本原理,因而错误地得出结论:(平均)利润总额＝剩余价值总额、(生产)价格总额＝价值总额这两个等式不能同时成立。

第四,米克1956年模型的特点在于他以

$$\frac{\sum a}{\sum V} = \frac{\sum a_i P_i}{\sum V P_2}$$

或

$$\frac{C_2}{V_2} = \frac{\sum C}{\sum V}$$

作为第四个方程。首先,这个假定是一个特殊的经济条件,不是一般的经济条件;其次,米克也没有充分讨论在这一假定条件下,转化过程中各种量的相互关系。

总而言之,在"狭义转形问题"的研究上,米克没有作出进一步的研究和重要的进展;唯一有重要价值的是:他接触到了从剩余价值的分配出发研究转形

---

① 米克.劳动价值学说的研究.陈彪如,译.北京:商务印书馆,1963:27.
② 米克."转形问题"入门[J].马克思主义研究参考资料,1982(44):49.

论价格直接基础或价值转化形式

问题这一重要途径。

三、迪金逊和多布

(一)迪金逊(H. D. Dickson)

1956年,现代经济学阵营的著名学者迪金逊教授发表了一篇名为《评米克"转形问题"的若干考察》》的文章。在这篇文章中,迪金逊对博特凯维兹、斯威齐、温特尼茨和米克等对转形问题的解法提出了批评。他认为,重要的只是x,y,z(生产价格对价值的偏离率)这三个量的比率,根本不需要求它们的绝对量;"实际上,只有三个未知数的比率,即利润率与x,y,z的比率,它们可以通过三个方程式而得以决定,第四个条件是不必要的"[①];寻求第四个方程来解x、y、z的绝对量是"追求迷惑人的鬼火"[②],他还认为,价值是用劳动时间计量的,生产价格是用货币单位计量的,x,y,z是将两者联系起来的因素(即以货币单位/劳动单位为量纲的),因而"价值和价格是不同层次的量……将(生产)价格总额和价值总额相等置,这种想法是没有意义的。"

首先,迪金逊说不需要求x,y,z的绝对量,只需要求相对比率,实质上是说,不必求生产价格的绝对量,只需要求得商品生产价格的相对比率,即商品的相对交换比例。这就说明他根本不懂生产价格是价值的分配形式,不懂得转形问题的本质在于研究当剩余价值在资本家阶级之间平均分配时,社会总劳动在不同部门之间分配所发生的变化,以及各种量的相互关系。

其次,迪金逊误解了博特凯维兹等人模型中价值和生产价格的计量单位。在博氏模型中,我们清楚地看到,博特凯维兹总是在同一计量单位(层次)上讨论问题的,他首先以劳动时间(价值)为计量单位来讨论,后来又以货币单位为计量单位来讨论。虽然,博特凯维兹没有理解从前一层次转到后一层次所发生的本质变化,但是他从来没有将两个层次的计量单位混淆起来进行比较。

但是,迪金逊接触到这么一个重要问题:在转形问题的研究中,应该严格将从劳动时间(价值)计量的平均利润-生产价格系统同以货币计量的平均利润-生产价格系统区别开来,分别加以研究。

---

①③ 迪金逊.评米克"转形问题"的若干考察[J].马克思主义研究参考资料,1982(44):29.

② 迪金逊.评米克"转形问题"的若干考察[J].马克思主义研究参考资料,1982(44):28.

(二)多布(M. H. Dobb.)

1955年,多布在《经济理论与社会主义》一书中,讨论了转形问题,他也区别了不同的层次。他说:"把这种(生产)价格进行交换的这种情况叫作价格层次;用以和《资本论》第一卷中马克思的第一次接近的价值层次有所区别"[①]。虽然多布没有直接将劳动时间(价值)计量的平均利润——生产价格系统同以货币计量的平均利润——生产价格系统作以区别,但是他将生产价格看作与价值相同的、决定交换比例或(以货币表示的)价格量,实际上,他已区别了以劳动时间计量的生产价格系统和以货币计量的生产价格系统。

对这一问题阐释得最清楚的,莫过于赖布曼。赖布曼在《价值和生产价格:政治经济学的转化问题》一文中指出:"如果认为生产价格用货币商品单位来表现,而另一方面,价值用劳动时间来表现的话,那么两者之间就没有丝毫量的联系了。……生产价格体系同价值体系是同一层次的问题,即具有劳动时间单位。"[②]

本 章 小 结

博特凯维兹首先提出了用线性方程组解转形问题的方法,并且建立了一个有很大局限性的模型;温特尼茨克服了博氏模型的局限性之一——简单再生产假定;米克接触到了应从"平均利润是剩余价值的分配"出发研究转化问题这一重要原理;多布、迪金逊等人认识到,在研究转形问题时,必须区别以价值计量的平均利润——生产价格系统同以货币计量的平均利润——生产价格系统。

上述学者都没有充分理解和把握"平均利润是剩余价值的分配、生产价格是价值的分配"这一重要原理,因而没有解决转形问题。

[①] 多布.关于"转形问题"的一个考察[J].马克思主义研究参考资料,1982(44):23.
[②] 中国《资本论》研究会日文资料编译中心.《资本论》日文资料译丛第三集.长春:东北师范大学出版社,1983:13.

第七章 塞顿模型和森岛模型分析

第一节 塞顿模型分析

一、塞顿模型

1957年,塞顿(F. Seton)发表了一篇文章《价值转化问题》,对前人的论述提出了评论和总结,并且提出了自己关于转形问题的解法(简称为"塞顿模型")。下面,简单介绍一下塞顿模型。

(一)平均利润一般模型

塞顿首先批评以前的作者"使他们的解决办法依赖于不必要的限制性假定",指出:"在这些假定中,最重要的是将经济分为生产资本财货、工资消费品、奢侈品三个相应的部类"①。他认为经济可以分为 n 个部门(或 n 层),并且从这种划分出发建立平均利润的一般模型,他称之为"平均利润的原理"。

塞顿用 K_{ij} 表示第 i 部门生产中耗费的第 j 部门的产品价值量(以劳动时间计量),它既包括生产资料的耗费,也包括工人消费资料的耗费;a_i 表示第 i 部门产品的价值量;P_i 表示第 i 部门产品生产价格对价值的偏离率;ρ 表示"均等的成本率",即成本在产品价值中的比率。由此建立方程组:

$$\left.\begin{array}{l} K_{11}P_1 + K_{12}P_2 \cdots + K_{1n}P_n = \rho a_1 P_1 \\ K_{21}P_1 + K_{22}P_2 \cdots + K_{2n}P_n = \rho a_2 P_2 \\ \cdots\cdots \\ K_{n1}P_1 + K_{n2}P_2 \cdots + K_{nn}P_n = \rho a_n P_n \end{array}\right\} \quad (7-1-1)$$

令

$$k_{ij} = \frac{K_{ij}}{a_i}$$

---

① 经济学译丛编辑部.经济学译丛[J].经济学译丛杂志社,1982(6):58.

则有

$$\left.\begin{array}{r}(k_{11}-\rho)P_1+k_{12}P_2\cdots+k_{1n}P_n=0\\ k_{21}P_1+(k_{22}-\rho)P_2\cdots+k_{2n}P_n=0\\ \cdots\cdots\\ k_{n1}P_1+k_{n2}P_2\cdots+(k_{nn}-\rho)P_n=0\end{array}\right\} \quad (7-1-1')$$

由此可求出生产价格对价值的偏离率$(P_1,P_2,\cdots,P_n)$的相对量和成本率ρ,进而求出平均利润率。

(二)关于"不变性公式"

塞顿指出,要确定$(P_1,P_2,\cdots,P_n)$的绝对量,还需要进一步地追加条件。他首先列举了前人使用的各种条件:

博特凯维兹: $\qquad P_3=1$

即式(6-1-4)$z=1$。

温特尼茨: $\qquad \sum a=\sum ap$

即总价值 = 总生产价格。

米克: $\qquad \sum S=(1-p)\sum ap$

即总剩余价值=总平均利润。

接着,他指出,所有这些"不变性公式",都"似乎没有一个客观基础。从这个限度来说,转化问题可以说缺乏完全的确切性。"[①]

(三)特殊模型

塞顿认为,要研究马克思生产价格的确切性,就"必须放弃……一般原则"(即放弃一般模型),建立在特殊假定下的特殊模型,"这类特殊模型如果能被认为有理而被接受的话,就将消除从转化问题而来的最后剩余的不确定因素。"[②]他首先"将n个产业部门缩减到大家熟知的三大部类",用C_i表示第i部门的不变资本,V_i表示第i部类的不变资本,则有

$$\left.\begin{array}{r}C_1P_1+V_1P_2=\rho a_1P_1\\ C_2P_1+V_2P_2=\rho a_2P_2\\ C_3P_1+V_3P_2=\rho a_3P_3\end{array}\right\} \quad (7-1-2)$$

---

① 经济学译丛编辑部.经济学译丛[J].经济学译丛杂志社,1982(6):61.
② 经济学译丛编辑部.经济学译丛[J].经济学译丛杂志社,1982(6):63.

论价格直接基础或价值转化形式

令

$$\alpha_i = \frac{C_i}{a_i} \qquad \beta_i = \frac{V_i}{a_i}$$

则有

$$\left.\begin{array}{l}(\alpha_1-\rho)P_1+\beta_1 P_2=0\\ \alpha_2 P_1+(\beta_2-\rho)P_2=0\\ \alpha_3 P_1+\beta_3 P_2-\rho P_3=0\end{array}\right\} \qquad (7-1-2')$$

由此可求得 ρ 和 (P_1,P_2,P_3) 的相对量。

塞顿进一步设立假定条件:第一,简单再生产;第二,第Ⅲ部类资本有机构成等于社会平均资本有机构成(即 $C_3:V_3:a_3=\sum C:\sum V:\sum a$)。由此可得

$$\frac{\sum a}{\sum S}=\frac{\sum aP}{\sum SP} \qquad (7-1-3)$$

其中 S 表示剩余价值。将式(7-1-3)与式(7-1-2)联立而建立的特殊模型,可以使"总价值=总生产价格""总剩余价值=总平均利润"这两个等式同时成立。

塞顿用一个简单的数例来作说明:

价值体系:

	C	V	S	a
Ⅰ	80+	20+	20=	120
Ⅱ	10+	25+	25=	60
Ⅲ	30+	15+	15=	60

生产价格体系:

	CP	VP	SP	aP
Ⅰ	96+	12+	36=	144
Ⅱ	12+	15+	9=	36
Ⅲ	36+	9+	15=	60

在这个数例中,平均利润率为 $\frac{1}{3}$,$P_1=\frac{6}{5}$,$P_2=\frac{3}{5}$,$P_3=1$;总价值(240)=总生产价格(240),总剩余价值(60)=总平均利润(60);第Ⅲ部类的资本有机构成(30:15)=社会总资本有机构成(120:60)。

塞顿认为:"这个模型可使转化问题具有完全确定性,……但是,它又是一

个受到许多限制的模型,同时,考虑到它彻底地偏离一般原则,可能不会为人们所接受。"[1]

二、塞顿模型分析

(一)塞顿建立了价值转形问题的一般模型

用 $K=(k_{ij})$ 表示以价值计量的成本系数矩阵,用 $\overline{P}$ 表示生产价格对价值偏离率向量,塞顿模型式(7-1-1′)可写为

$$\frac{1}{\rho}K\overline{P}=\overline{P} \quad (7-1-4)$$

因为

$$\rho=\frac{成本}{成本+利润}=\frac{1}{1+\frac{利润}{成本}}=\frac{1}{(1+r)}$$

所以式(7-1-4)又可写为

$$(1+r)K\overline{P}=\overline{P} \quad (7-1-4′)$$

使用 $\dot{W}$ 表示单位产品价值对角矩阵,A 表示技术系数矩阵,$\overline{p}$ 表示生产价格向量。根据对博氏模型的说明,有

$$K=\dot{W}^{-1}A\dot{W}$$

$$\overline{P}=\dot{W}^{-1}\overline{p}$$

代入式(7-1-4′),得

$$(1+r)A\overline{p}=\overline{p}$$

或

$$[(1+r)A-I]\overline{p}=0$$

这正是第五章所述关于转形问题的一般模型式(5-3-4)。

由此可见,塞顿关于平均利润率一般模型(原理)的讨论,克服了前人将社会生产分为三个部门的局限性,建立了关于价值转形问题解法的一般模型。

(二)塞顿的"特殊模型"就是博氏模型

塞顿的"特殊模型"将社会生产分为三个部门,这实质上就退回到温氏

---

[1] 经济学译丛编辑部.经济学译丛[J].经济学译丛杂志社,1982(6):64.

论价格直接基础或价值转化形式

模型。

将

$$\rho=(1+r)^{-1}$$

代入塞顿特殊模型式(7-1-2),得

$$\left.\begin{array}{l}(1+r)(C_1P_1+V_1P_2)=a_1P_1\\(1+r)(C_2P_1+V_2P_2)=a_2P_1\\(1+r)(C_3P_1+V_3P_2)=a_3P_1\end{array}\right\} \quad (7-1-5)$$

与温氏模型式(6-2-2′)比较,可以很容易地看出,这就是温氏模型。

塞顿继续假定:①简单再生产;②第Ⅲ部类资本有机构成等于社会平均资本有机构成。根据对博氏模型的介绍,可以看出,塞顿特殊模型的三个假定恰好就是博氏模型中"数例一"的三个假定;同时,塞顿特殊模型的结论与博氏模型"数例一"的结论相同。因此,可以说塞顿特殊模型是博氏模型"数例一"的公式化。

(三)将对转形问题的研究从对"不变性公式"的选择转到对"特殊模型"的选择

在塞顿以前,转形问题的研究者们,由于没有充分理解平均利润和生产价格是剩余价值和价值的分配形式,所以无法正确解决转形问题,围绕着以哪个条件作为"不变性公式"进行争论。塞顿批评了这种争论,指出这"不变性公式"是没有充分的客观根据的。这在一定程度上是正确的。但是,塞顿自己也不懂得平均利润和生产价格是剩余价值和价值的分配形式,因而也不能从这一基本原理出发,正确地解决转形问题。他转而试图建立特殊模型来解决转形问题,希望这种特殊模型能够被认为有理而被接受,从而得到可被接受的转形问题解法。虽然我们看到塞顿的特殊模型不过是博氏模型"数例一"的公式化,但是塞顿明确地提出了对特殊模型的选择,确实把关于转形问题讨论的注意力从对"不变性公式"的选择转到了对"特殊模型"的选择之上。

不过,这种选择的转换并没有使转形问题的解决得到推进。因为塞顿的特殊模型并不具有一般性,所以这一"特殊模型"的选择并不比"不变性公式"的选择更具有客观性,而是可以说更少客观性,因此并不能使转形问题得到正确的解决,也不能论证马克思剩余价值转化为平均利润、价值转化为生产价格理论量的完善性。

(四)塞顿的错误

塞顿认为,在转形问题的一般公式中,无法研究马克思生产价格理论的确切性,即无法解决转形问题,论证马克思转化理论的完善性,他认为只有在特殊模型中才能解决这个问题。根据第五章的讨论,可以看出这个结论是完全错误的。这个错误的根源仍然在于:塞顿不懂得平均利润和生产价格是剩余价值和价值的分配形式,不懂得转形问题的实质在于讨论和确定这一分配所产生的各种量的现实关系。

总之,塞顿的一般模型建立了转形问题的一般公式,但是,在解决转形问题时,他又退回到博氏模型;塞顿把对转形问题的注意力从对"不变性公式"的选择转到对"特殊模型"的选择之上,但是,他错误地得出结论:转形问题只能在特殊模型中得到解决,马克思转化理论量的完善性只能在特殊条件下成立。

第二节 森岛模型分析

一、森岛模型

1978年,原藉日本的英国伦敦经济学院教授森岛通夫(Michio Morishima)和乔治·凯蒂福雷斯(George Catephores)合著了《价值、剥削与增长》(Value Exploitation and Growth)一书。在这本书中,森岛对转形问题作了介绍和评论,并对他自己的解法(我们称为"森岛模型")作了详细的阐述和论证。

森岛认为,博特凯维兹等以联立方程组研究转形问题的人批评马克思在转化理论中没有将成本价格以生产价格计量的论点是错误的。他认为,马克思使用的是迭代法,利用公式 $p_i = (1+\pi)(C_i + V_i)$,其中 π 是平均利润率,连续地将投入和产出转化为以生产价格计量的量;但是,马克思只作了第一步近似,留下后面的步骤由后人来作。下面,简单介绍一下森岛的解法。

(一)建立"适当的生产规模"

森岛认为,要解决转形问题,就"必须准备接受这一观点:在马克思的系统

论价格直接基础或价值转化形式

中,每个部门的规模已经调整到了适当的规模上,虽然马克思在《资本论》三卷的任何一部分都从未明确地提到过。但是,这是在幕后所作的一个暗含的策略,现在应当把它再现在舞台上。"[①] 因此森岛首先用迭代法来建立"各部门适当的生产规模"。

森岛用 M 表示投入系数矩阵(包括生产资料和工人的消费资料),y 表示产出数量的列向量,$\mathbf{\Lambda}=[\lambda_1\ \lambda_2\ \cdots\ \lambda_n]$ 表示单位产品价值向量;则 $(y-My)$ 等于剩余产品,$(\mathbf{\Lambda}y-\mathbf{\Lambda}My)$ 等于总剩余价值,$(\mathbf{\Lambda}y-\mathbf{\Lambda}My)/(\mathbf{\Lambda}My)$ 等于平均剩余价值率(平均利润率)。假定 y_0 是初始的产出量,一些部门以较大的比率生产剩余产品,另一些部门以较小的比率生产剩余产品。应该调整产出量,使各部门以同一比率生产剩余产品。利用公式

$$y_{t+1}=\frac{\mathbf{\Lambda}y_t}{\mathbf{\Lambda}My_t}My_t \qquad t=0,1,2,\cdots \qquad (7-2-1)$$

得出一个产出量向量的序列。用 $\bar{y}$ 表示与 M 的具有最大绝对值的特征根 $\bar{\rho}$ 有关的特征向量,可以证明

$$\lim_{t\to\infty}y_t=\bar{y} \qquad (7-2-2)$$

且

$$\bar{\rho}\,\bar{y}=M\bar{y} \qquad (7-2-3)$$

还可以证明,1 与平均剩余价值率(平均利润率)之和收敛于 $\bar{\rho}$ 的倒数,即

$$\lim_{t\to\infty}\frac{\mathbf{\Lambda}y_t}{\mathbf{\Lambda}My_t}=\frac{1}{\bar{\rho}} \qquad (7-2-4)$$

由此可知,$\bar{y}$ 便是使各生产部门剩余产品率相等的产出向量。到此,便建立了森岛认为是"适当的生产规模"——各部门剩余产品率相等的部门产品结构。

(二)求生产价格

在这个"适当的生产规模"的基础上,森岛进一步用迭代法求生产价格。
用 $\mathbf{\Lambda}$ 左乘式(7-2-3),并用 $\bar{\rho}$ 来除,得

$$\frac{1}{\bar{\rho}}=\frac{\mathbf{\Lambda}y}{\mathbf{\Lambda}My}$$

因为 $\mathbf{\Lambda}y$ 是总产品价值量即 $\mathbf{\Lambda}y=C+V+S$,$\mathbf{\Lambda}My$ 是总资本价值量即

---

① Micho Morishima. Value Exploitation and Growth. McGraw-Hill Book Company (UK) Limited,1978:162.

$\Lambda My = C + V$（其中 C, V, S 分别代表不变资本总量、可变资本总量和剩余价值总量），所以有

$$\frac{1}{\bar{\rho}} = 1 + \frac{S}{C+V} \tag{7-2-5}$$

令

$$\bar{\pi} = \frac{1}{\bar{\rho}} - 1 = \frac{S}{C+V}$$

表示平均利润率。利用这样得到的 $\bar{\pi}$，建立一个迭代过程

$$P_{t+1} = (1+\bar{\pi})P_t M \tag{7-2-6}$$

得到一个无限序列。

令

$$\bar{P} = \lim_{t \to \infty} P_t$$

有

$$\bar{P} = (1+\bar{\pi})\bar{P}M \tag{7-2-7}$$

$\bar{P}$ 就是生产价格行向量，$\bar{\pi}$ 就是平均利润率。

(三) 两个总计相等

用 $\bar{y}$ 右乘式(7-2-6)，得

$$P_{t+1}\bar{y} = (1+\bar{\pi})P_t M \bar{y} \tag{7-2-8}$$

由于 $\frac{1}{\bar{\rho}} = 1+\bar{\pi}$，由式(7-2-3)得

$$\bar{y} = (1+\bar{\pi})M\bar{y} \tag{7-2-9}$$

根据式(7-2-8)和式(7-2-9)，可知：

$$P_{t+1}\bar{y} = P_t \bar{y}$$

因为 P_0 可以是任意非负向量，所以可以假定

$$\Lambda = P_0$$

因此，有

$$\Lambda \bar{y} = P_1 \bar{y} = P_2 \bar{y} = \cdots = \bar{P}\bar{y} \tag{7-2-10}$$

由于 $\Lambda \bar{y}$ 是总产品的价值量，$\bar{P}\bar{y}$ 是总产品的生产价格量，所以式(7-2-9)证明："总价值＝总生产价格"成立。

其次，从式(7-2-8)和式(7-2-10)，可得

$$\Lambda M \bar{y} = \bar{P} M \bar{y} \tag{7-2-11}$$

从式(7-2-10)中减去式(7-2-11)，有

$$S = \pi_1 \overline{y} = \pi_2 \overline{y} = \cdots = \pi \overline{y} \qquad (7-2-12)$$

其中,$S = \Lambda \overline{y} - \Lambda M \overline{y}$ 是总剩余价值,$\pi_t = P_t - P_t M$,$\pi \overline{y} = \overline{Py} - \overline{PM} \, \overline{y}$ 是总平均利润,所以式(7-2-12)证明:"总剩余价值=总平均利润"成立。

由此,森岛得出结论:除了生产部门标准化(调整到"适当的规模")外,由迭代法得出的结论可以不受任何标准化和条件的限制,同时满足两个总量相等的等式。

二、森岛模型分析

(一)森岛的迭代法与联立方程法

森岛用迭代法与联立方程法所求的是同一转形问题的数量关系,这一数量关系并不会因求解方法不同而有所区别和改变,因此,森岛用的迭代法与联立方程法不会有本质的区别和变化,而且,甚至可以说森岛用的迭代法不过是联立方程的一种解法罢了。

首先,来看森岛的第一个迭代过程——"适当生产规模"的建立。这个迭代过程所要建立的数量关系是:社会产品量的比例使各部门具有同一的剩余产品率。如果用 $\rho(=\frac{1}{\overline{\rho}})$ 等于社会总产品价值与社会资本价值之比来表示社会平均产品率,则可建立下列线性方程组:

$$y = \rho M y \qquad (7-2-13a)$$

或

$$[\rho M - I] y = 0 \qquad (7-2-13b)$$

因为

$$\rho = 1 + \overline{\pi}$$

所以有

$$[(1+\overline{\pi})M - I]\overline{y} = 0 \qquad (7-2-13c)$$

将之与式(5-3-35g)相比较,(7-2-13c)中的 $\overline{\pi}, M, \overline{y}$ 分别就是式(3-5-35g)中的 $\omega, A^*, \overline{q}$,可见,式(7-2-13a)就是式(5-3-35g),而式(5-3-35g)是有解的。

森岛的迭代法是将式(7-2-13a)写为

$$y_{t+1} = \frac{\Lambda y_t}{\Lambda M y_t} y_t = \rho_t y_t$$

然后从一个非负产品向量 y_0 开始不断迭代,直到关系式(7-2-13a)成立。

因此，这完全可以看作线性方程组式(7-2-13a)的一个数量解法。

再来看森岛的第二个迭代过程——生产价格系统的建立。这一数量关系可用线性方程组写为

$$\overline{P} = (1+\overline{\pi})PM \qquad (7-2-14a)$$

其中，$\overline{\pi}$ 为平均利润率，$P=[P_1 \cdots P_n]$ 为生产价格向量。式(7-2-14a)又可写为

$$\overline{P}[(1+\overline{\pi})M - I] = 0 \qquad (7-2-14b)$$

将其与式(5-3-4)相比较，式(5-3-4)中的 A, r 就是(7-2-14b)中的 M，$\overline{\pi}$，可见，式(7-2-14b)就是式(5-3-4)，而式(5-3-4)正是生产价格系统的线性方程组。森岛的迭代法是将式(7-2-14a)写为

$$\overline{P}_{t+1} = (1+\overline{\pi})\overline{P}_t M$$

然后从任一个非负生产价格向量 P_0（例如 $P_0 = \Lambda$）开始，不断迭代，直到式(7-2-14a)成立。因此，这也可以看作线性方程组式(7-2-14a)的一种数量解法。

由此可见，森岛的迭代法并不能构成一种与联立方程法有本质区别的方法。因此，就方法而言，森岛在转形问题上并没有取得重大的进展。

另外，森岛说马克思用的是迭代法，也过于牵强。

(二)森岛模型仍是一个特殊模型

根据上面的讨论，可以把森岛模型写为以下两个方程组：

森岛生产规模模型：

$$[(1+\overline{\pi})M - I]y = 0$$

森岛生产价格模型：

$$\overline{P}[(1+\overline{\pi})M - I] = 0$$

可以看出，"森岛生产规模模型"正是我们在第五章第三节中讨论的那种特殊情况。在那种特殊情况中，由于特殊条件假定：生产的技术条件不变，全部剩余价值（利润）用于扩大再生产，所以有"各部门的剩余产品率＝$\dfrac{\sum S_i}{\sum (C_c + C_v)} = r$（平均利润率）"，因此有"总价值＝总生产价格""总剩余价值＝总平均利润"这两个等式同时成立。由此可见，森岛模型使两个总计等式同时成立，并不在于他所使用的迭代法，而在于他建立了以各生产部门具有同一的剩余产品率这一假定为前提的生产规模模型，而这一模型又必须以生产

技术条件不变和全部剩余价值用于扩大再生产这两个特殊假定条件为前提，所以森岛模型并不具有一般的性质，仍然是一个特殊模型。

另外，森岛说马克思在《资本论》中暗作了这个特殊假定，也是毫无根据的。

(三) 总评

森岛仍然没有掌握平均利润和生产价格是剩余价值和价值的分配形式这一基本原理，因而不能从这一原理出发去寻求转形问题中各种量的现实关系，不能由此解决转形问题。森岛的迭代法与联立方程法并没有本质的区别，甚至可以看作是联立方程的一种数量解法，所以不能认为森岛因采用迭代法而取得了重大的进展。与塞顿模型一样，森岛模型仍是一个特殊模型。森岛模型与塞顿模型的区别在于它的限定条件比塞顿模型要少，因而比塞顿模型具有较一般的性质。就此而言，森岛模型在转形问题上比塞顿模型有所进展。

本 章 小 结

在转形问题的解法上，塞顿克服了前人将社会生产分为三个部类的局限性，建立了将社会生产划分为 n 个部门的一般模型。

塞顿和森岛将对转形问题的讨论从对"不变性假定的选择"转到了对特殊模型的选择，他们的模型同样都有很大的局限性。

塞顿和森岛仍没有理解和把握平均利润和生产价格是剩余价值和生产价格的分配这一原理，所以，他们仍没有解决转形问题。

第八章 斯蒂德曼模型分析

1977年,英国曼彻斯特大学教授斯蒂德曼出版了他的成名作《依照斯拉法来看马克思》一书。该书宣称:剑桥大学著名经济学家斯拉法(Piero Sraffa)的《用商品生产商品》一书的理论不仅能够用来批判古典经济学派,而且可以用来批判马克思主义经济学。该书力图论证:马克思的劳动价值学说,在利润率和生产价格决定中,在对资本主义经济的分析中,是多余的,而且是自身矛盾的、错误的,因此应该抛弃。该书具有很大的影响力,被西方经济学界认为是"一个里程碑"。

斯蒂德曼对马克思劳动价值学说的否定,共分为三个问题:第一,"转形问题",在此问题的计算上,他认为,在利润率和生产价格的计算上不需要马克思劳动价值概念,因而马克思劳动价值学说是多余的;第二,"存在固定资本时价值量的计算",他认为,在存在固定资本的条件下,马克思的劳动价值计算会出现自我矛盾,并会出现负价值,因此,马克思劳动价值学说是错误的;第三,"联合产品(Joint Products)价值量的计算",他认为,在"联合产品"条件下,马克思劳动价值计算会出现负价值和负剩余价值,因此,马克思劳动价值学说是错误的。

本章分别就这三个问题分析和反驳斯蒂德曼对马克思劳动价值学说的否定。

第一节 关于价值和生产价格计算

一、斯蒂德曼的非难

首先,斯蒂德曼认为货币平均利润率和货币生产价格都是由生产条件的实物量和工资的实物量直接决定的。他用 r 表示平均利润率;$P^m = [P_1^m \quad P_2^m \quad \cdots \quad P_n^m]$ 表示货币生产价格;A 表示生产资料投入矩阵,其中 j 列

论价格直接基础或价值转化形式

表示生产 j 产品所投入的生产资料,$\boldsymbol{a}=\begin{bmatrix}a_1\\\vdots\\a_n\end{bmatrix}$ 表示各部门使用的活劳动量,m 表示货币工资率。假定一个部门只生产一种商品,并且没有固定资本。令每个部门生产的产品增量为其产品的单位,有

$$(1+r)(\boldsymbol{P}^m\boldsymbol{A}+m\boldsymbol{a})=\boldsymbol{P}^m \qquad (8-1-1)$$

整理后有

$$\boldsymbol{P}^m=m(1+r)\boldsymbol{a}\left[\boldsymbol{I}-(1+r)\boldsymbol{A}\right]^{-1} \qquad (8-1-2)$$

用 $L=\sum a$ 表示社会总劳动量,$\boldsymbol{W}=\begin{bmatrix}W_1\\\vdots\\W_n\end{bmatrix}$ 表示社会总体工人得到的实物工资,则有

$$m\boldsymbol{L}=\boldsymbol{P}^m\boldsymbol{W} \qquad (8-1-3)$$

$$\boldsymbol{L}=\frac{\boldsymbol{P}^m\boldsymbol{W}}{m} \qquad (8-1-3')$$

将式(8-1-2)代入式(8-1-3'),得

$$\boldsymbol{L}=(1+r)\boldsymbol{a}\left[\boldsymbol{I}-(1+r)\boldsymbol{A}\right]^{-1}\boldsymbol{W} \qquad (8-1-4)$$

当 L,a,A,W 已知时,只有 r 一个未知数。在满足 $\boldsymbol{L}>\boldsymbol{a}(\boldsymbol{I}-\boldsymbol{A})^{-1}$ 的条件下,式(8-1-4)可以确定一个唯一的正 r 值。将这个 r 值代入式(8-1-2),便可以确定一组唯一的正 $\boldsymbol{P}^m$ 基础解。令货币的价格 $P_g=1$,便可确定一组唯一的正 $\boldsymbol{P}^m$ 值。斯蒂德曼由此得出结论:平均利润率和货币生产价格由 L,a,A,W 这些生产过程中的实物条件直接决定,与价值量(物化劳动量)无关。

其次,斯蒂德曼认为价值和剩余价值量都是生产过程中实物量的派生量。他用 $\boldsymbol{l}=[l_1\ \cdots\ l_n]$ 表示各商品的价值量,V 表示劳动力价值总量,S 表示剩余价值总量,则有

$$\boldsymbol{lA}+\boldsymbol{a}=\boldsymbol{l} \qquad (8-1-5)$$

其中,$\boldsymbol{lA}$ 等于马克思理论中的不变资本"C_c",$\boldsymbol{a}$ 等于可变资本和剩余价值之和"C_v+S"。

从式(8-1-5)可得

$$\boldsymbol{l}=\boldsymbol{a}(\boldsymbol{I}-\boldsymbol{A})^{-1} \qquad (8-1-6)$$

因为

$$V=\boldsymbol{lW} \qquad (8-1-7)$$

将式(8-1-6)代入式(8-1-7),有

$$V = a(I-A)^{-1}W \qquad (8-1-8)$$

又知道

$$S = L - V \qquad (8-1-9)$$

所以

$$S = [L - a(I-A)^{-1}W] \qquad (8-1-10)$$

由此，斯蒂德曼得出结论：价值和剩余价值都可以由生产条件的实物量——L, a, A, W 推导出来，因此是生产条件实物量的派生量。

再次，斯蒂德曼认为，在资本主义经济中实际发挥作用的是货币平均利润率 r，而不是马克思指出的价值利润率 $\frac{\sum S_i}{\sum(C_c + C_v)}$；而且，价值量，进而 $\frac{\sum S_i}{\sum(C_c + C_v)}$ 与货币利润率的决定无关，在一般情况中，r 不等于 $\frac{\sum S_i}{\sum(C_c + C_v)}$，也不是它的近似值，总剩余价值不等于总利润，总价值不等于总（生产）价格。由此，斯蒂德曼得出结论：不能从马克思的价值理论说明平均利润和生产价格。

斯蒂德曼还举了一个简单的数例来说明他的论点。假定生产过程的实物量见表 8-1-1。

表 8-1-1

	铁	劳动		铁	金	谷物
铁部门	28	56	→	56	…	…
金部门	16	16	→	…	48	…
谷物部门	12	8	→	…	…	8
总计	56	80	→	56	48	8

表 8-1-1 中，箭头左面是各部门的投入，右面是各部门的产出。例如，第一行表示，在铁生产部门中，投入 28 单位铁和 56 单位劳动，生产出 56 单位铁。假定总共 80 单位劳动的工资购买 5 单位谷物，或提供 80 单位劳动的工人的必要生活资料是 5 单位谷物。

用 P_i^m, P_c^m, P_g^m 分别表示铁、谷物、金的货币生产价格，m 表示工资率；令

论价格直接基础或价值转化形式

$P_g^m = 1$,根据方程组

$$\begin{cases} (1+r)(28P_i^m+56m)=56P_i^m \\ (1+r)(16P_i^m+16m)=48 \\ (1+r)(12P_i^m+8m)=8P_c^m \\ 80m=5P_c^m \end{cases}$$

可解出 $r \approx 52.08\%, m \approx 0.268\,5, P_i^m \approx 1.705\,2, P_c^m \approx 4.296$。

斯蒂德曼用 l_i, l_g, l_c 分别表示铁、金、谷物的价值量,有

$$\begin{cases} 28l_i+56=56l_i \\ 16l_i+16=48l_g \\ 12l_i+8=8l_c \end{cases}$$

由此可解出 $l_i=2, l_g=1, l_c=4$。

因为提供80单位劳动的工人的必要生活资料是5单位谷物,所以

$$V=5l_c=5\times 4=20$$
$$S=80-20=60$$

剩余价值率 $=S/V=300\%$

总价值量$=56\times 2+48\times 1+8\times 4=192$

$$\frac{S}{\sum(C+V)}=\frac{60}{192-60}=45\frac{5}{11}\%$$

根据这些计算得出:利润率 $r \neq \dfrac{S}{\sum(C+V)}$,总生产价格(约178)不等于总价值(192),总利润(约61)不等于总剩余价值(60)。斯蒂德曼认为,因为 $P_g^m=1$,且 $l_g=1$,所以上面所算出的货币生产价格和利润量都可以直接表示以价值量(物化劳动量)计量的生产价格和利润率(我们将在后面说明这也是错误的)。

斯蒂德曼用图8-1-1来总结他的观点。

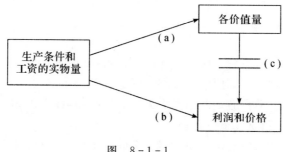

图 8-1-1

图 8-1-1 中箭头(b)表示平均利润率和生产价格是由生产条件和工资的实物量决定的,箭头(a)表示价值和剩余价值等各种价值量能够并且必须从生产条件的实物量和工资的实物量导出,箭头(c)和间断号表示不能从价值量导出平均利润和生产价格。

斯蒂德曼由此得出结论:①马克思的劳动价值理论无法说明平均利润率和生产价格,无法建立没有内部矛盾的、逻辑统一的平均利润和生产价格理论;②即使能够建立没有内部矛盾的、逻辑统一的平均利润和生产价格理论,马克思的劳动价值学说也是完全多余的。

二、驳斯蒂德曼的非难

(一)关于斯蒂德曼的第一个结论

首先,在第五章中,已经看到,马克思剩余价值转化为平均利润、价值转化为生产价格理论在量上是完善的,利润率本质上是由 $\dfrac{\sum S_i}{\sum (C_c + C_v)}$ 决定的。因此,斯蒂德曼说不可能从劳动价值学说导出内部统一的、没有矛盾的平均利润和生产价格理论的断言和说平均利润率的决定与价值量和 $\dfrac{\sum S_i}{\sum (C_c + C_v)}$ 无关的断言是根本不能成立的。

下面,用第五章阐述的方法来解斯蒂德曼的数例,对此作进一步的说明。根据表 8-1-1 给出的生产过程的技术条件,可得方程组:

$$\begin{cases}(1+r)(28P_i+56\dfrac{1}{16}P_c)=56P_i \\ (1+r)(16P_i+16\dfrac{1}{16}P_c)=48P_g \\ (1+r)(12P_i+8\dfrac{1}{16}P_c)=8P_c\end{cases}$$

由此可解得

$$r \approx 52.0797\%$$

$$\overline{P}=\begin{bmatrix}P_i \\ P_g \\ P_c\end{bmatrix}=k\begin{bmatrix}1.7052 \\ 1 \\ 4.2960\end{bmatrix}$$

论价格直接基础或价值转化形式

根据式(5-3-5)、式(5-3-6)、式(5-3-8″),有

$$\begin{cases}(56P_i+5P_c)+d_k=132\\(56P_i+48P_g+8P_c)+d_w=192\\d_w=-8.75+1.52d_k\end{cases}$$

为了简单,选用式(5-3-9′):

$$d_k=0$$

由此可解得

$$P_i\approx 1.92 \qquad P_g\approx 1.13$$
$$P_c\approx 4.64 \qquad d_w\approx -8.75$$

根据式(5-3-8)、式(5-3-9),有

$$\pi=r\sum P_k=r(132-d_k)=68.75$$
$$d_r=S-\pi=60-68.75=-8.75$$
$$\frac{S}{\sum(C_c+C_c)}=\frac{60}{132}=45\frac{5}{11}\%$$
$$\frac{S}{\sum(C_c+C_v)}-r=6.625\%$$
$$\sum P_s=\sum P+d_w=192=\sum W$$
$$\sum R_s=\bar{\pi}+d_r=60=S$$

实际(生产)价格总和等于总价值量,实际利润总和等于总剩余价值量,平均利润率 r 是 $\dfrac{\sum S_i}{\sum(C_c+C_v)}$ 的近似值。

根据式(5-3-22)和式(5-3-23),有

$$P_i^m=P_i/P_g\approx 1.7052$$
$$P_c^m=P_c/P_g\approx 4.296$$
$$r^m=\bar{r}\approx 52.0797\%$$

其次,再指出斯蒂德曼计算中的一个错误。斯蒂德曼令 $P_g=1$,以货币作为计算单位,所以他求得的全部商品的货币生产价格总和为178(单位货币),利润总和为61(单位货币)。他用这些去与总价值量192(单位劳动)和总剩余价值量60(单位劳动)比较,是根本错误的,因为这些是不同单位的量。但是,斯蒂德曼说 $l_g=1$,货币生产价格可以直接表示价值量,因此两种量可以直接比较。这听起来似乎颇有道理,实际也是错误的。商品的生产价格是由成本

和平均利润组成的,平均利润是按资本主义经济规律将总剩余价值平均分配到各个生产部门的剩余价值量,而这种分配是通过商品以生产价格交换来实现的。所以,商品的生产价格实质上体现着商品通过交换(由资本主义经济规律决定)换回的价值量①。这个价值量只能是包含在所(能)换得的商品中的价值量(这就是生产价格),而不能是商品换得的货币,即商品的货币生产价格中货币量所包含的价值量。因为,在商品流通中,货币作为流通手段,"只是转瞬即失的要素,它马上又会被别的商品所代替。"它的出现"只是为了马上又消失"②。另一方面,在商品流通过程中,作为流通手段,货币只是价值量的代表,只是价值符号③,所以货币可以代表与本身生产价格相等的价值,成为这个价值量的符号和象征。这样商品的货币生产价格中货币代表的价值量就等于商品生产价格的价值量。因此,如果用商品的货币生产价格来表示商品生产价格包含的价值量,应该以商品的货币生产价格中的货币量的生产价格所包含的价值量来计算,而不是以这个货币量的价值量来计算。例如,在斯蒂德曼的例子中,P_c^m 折算成以价值计量的生产价格 P_c,应该是

$$P_c = P_c^m P_g = 4.296 \times 0.956\,4 \approx 4.108\,5$$

而不是

$$P_c = P_c^m l_g = 4.296 \times 1 = 4.296$$

可见,斯蒂德曼用商品的货币生产价格中货币的价值量来代替商品生产价格所含的价值量是错误的。

(二)关于斯蒂德曼的第二个结论

再来讨论斯蒂德曼的第二个结论。斯蒂德曼认为:即使马克思的价值转化为平均利润的理论是内部统一的、无矛盾的,但是,既然货币平均利润率和货币生产价格能直接从生产过程的实物条件导出,那么,从实物条件导出价值量,再从价值量导出平均利润和生产价值就是完全多余的,因此马克思的劳动价值论在平均利润和生产价格理论中是完全多余的。

---

① "……所生产的价值实体与通过生产价格所得到的价值实体……"(伊藤诚.马克思的价值理论研究[M]//现代国外经济学论文选(第三辑).北京:商务印书馆,1982:72.)
② 马克思.马克思恩格斯全集(第23卷).北京:人民出版社,1975:148.
③ "作为流通手段的金同作为价格标准的金偏离了,因此,金在实现商品的价格时不再是该商品的真正等价物。……流通过程的自然倾向是要把铸币金存在变成金的假象,铸币变成为它的法定金属含量的象征。"(马克思.马克思恩格斯全集(第23卷).北京:人民出版社,1975:148.)

论价格直接基础或价值转化形式

不仅斯蒂德曼、森岛通夫和萨缪尔森等人也持类似的观点,萨缪尔森还以此猛烈攻击马克思的劳动价值学说。因此,必须对这种论点给予回答。

从前面的讨论中,我们看到斯蒂德曼的实物方程式在一定范围内也能计算出正确的货币利润率和货币生产价格,所以,初看起来,他的断言似乎是颇有些道理的,但是,详细分析起来却并非如此。

首先,斯蒂德曼的实物价格决定理论不能说明价格的本质,而马克思的劳动价值学说恰恰能完善地说明价格的本质。

众所周知,一个等式要能成立,等式中每一项的单位(量纲)必须相同。这也正是马克思指出的"不同的量只有化为同一单位后,才能在量上互相比较,不同物的量只有作为同一单位的表现,才是同名称的,因而是可通约的。"①从斯蒂德曼方程组(8-1-1)中,我们可以看出,这个方程组要能成立,前提是各商品的价格 $\boldsymbol{P}=[P_1 \quad \cdots \quad P_n]$ 必须有相同的计量单位,或者说化为同质的东西。那么,这个相同的计量单位是什么,这个同质的东西是什么呢?斯蒂德曼令 $P_g=1$,即以货币商品(金)作为价格的计量单位,将所有商品的价格都化为货币,即 $P_i=\alpha$ 货币。但是,进一步的问题是所有的商品为什么都能化为货币这同一质的东西呢?另外,斯蒂德曼(和斯拉法)又认为,其实用哪一种商品作为价格的计量单位都是无所谓的,任何一种商品都可以作为价格的计量单位。这就是说商品价格的质可以是任何一种商品。这恰恰告诉我们商品价格的质不是任何一种商品,而是独立于任何一种商品之外的独立的东西②。正是由于所有商品的价格都是这个独立的东西,所以所有商品才能够相互比较,互相度量。但是,这同一质的东西是什么呢?斯蒂德曼的实物价格决定理论没有告诉我们。这个理论能告诉我们的唯一答案是:它是"满足生产条件"的"交换比率"③,这就是说商品价格在质上不过是物与物之间的交换比例或关系而已。这并不是什么新思想,而是马克思早已批评过的贝利的"不断重复千篇一律的老调:价值是商品的交换比例,因而不是什么别的。"④

然而,马克思的劳动价值学说指出:这个独立于每一商品价格之外,又使一切商品价格成为同质且具有相同计量单位的东西正是生产商品所耗费的人

---

① 马克思.马克思恩格斯全集(第23卷).北京:人民出版社,1975:63.
② "商品价值表现的无限系列表明,商品价值同它借以表现的使用价值的特殊形式没有关系。"(马克思.马克思恩格斯全集(第23卷).北京:人民出版社,1975:78.)
③ 斯拉法.用商品生产商品.巫宝三,译.北京:商务印书馆,1963:14.
④ 马克思.剩余价值理论(第三册).中共中央马克思恩格斯列宁斯大林著作编译局,译.北京:人民出版社,1975:150.

类抽象劳动——价值。虽然一种特定商品的生产价格会偏离生产该商品所耗费的社会必要劳动量,但是生产价格的实体和计量单位仍然是物化劳动。正是这个以价值为实体的生产价格决定了(资本主义)商品之间的交换比例和货币价格。显而易见,比起那种只认为价格是交换比例的学说,马克思的劳动价值学说进一步揭示了价格的本质,因而是更深入、更完善的理论。不仅如此,更为重要的是:正是由于马克思的劳动价值学说说明了价格的本质和实体是物化劳动,从而揭示了商品的价格不仅是表面上的物与物之间的交换比例和关系,而且本质上是人与人之间交换劳动和分配社会劳动的社会生产关系。显而易见,这一点是斯蒂德曼实物价格决定理论没有说明,也无法说明的。正如列宁所指出的:"凡是资产阶级经济学家看到物与物之间的关系的地方(商品交换商品),马克思都揭示了人与人之间的关系"[①]。

其次,斯蒂德曼的实物利润决定理论不能说明利润的实体和资本主义社会的基本生产关系及社会本质——剥削。而马克思建立的在劳动价值论基础上的剩余价值和利润理论则能完善地说明这些问题。

在斯蒂德曼的实物决定理论中,利润只不过是产出超过投入的一定货币量,或者一定实物量,利润率只不过是这一数量对投入量的比率而已。马克思曾指出:"李嘉图从来没有考虑到剩余价值的来源,他……不是……寻找剩余价值存在的原因,而是寻找决定剩余价值量的原因。"[②]这对斯蒂德曼的利润理论也是恰当的,不过,从李嘉图的价值理论中,我们能发现剩余价值的来源,而从斯蒂德曼的利润理论中,我们却无法找出利润的来源。

然而,在马克思的剩余价值和利润理论中,正是在劳动价值论的基础之上,马克思说明了利润的实体和本质是剩余价值,而剩余价值是由资本家无偿占有的工人的剩余劳动形成的,从而说明了资本主义利润本质上是资本家无偿占有的工人的劳动,说明了资本主义社会的基本生产关系和社会实质——资本家阶级对工人阶级的剥削。

斯蒂德曼曾辩解说:既然利润是劳动者生产的净产品减去付给劳动者的实际工资的剩余,这个剩余是资本家依靠对生产资料的法定所有权占有的,那么,这种关系就已经直接表明了资本主义剥削的存在。但是,如果进一步问:为什么资本家占有了这个剩余产品就是对工人的剥削呢?合乎逻辑的回答只能是:因为这个剩余产品是工人的劳动生产的。这实际上是把产品(量)化为

---

① 列宁.论马克思恩格斯及马克思主义.北京:人民出版社,1973:54.
② 马克思.马克思恩格斯全集(第23卷).北京:人民出版社,1975:563-564.

论价格直接基础或价值转化形式

生产商品耗费的劳动（量），把剩余产品化为剩余劳动。这是什么呢？这正是价值和剩余价值概念[①]。可见，斯蒂德曼用剩余产品直接说明剥削关系实际上（无论自觉或不自觉地）暗用了劳动价值和剩余价值概念。

显而易见，要说明资本主义社会的基本生产关系和社会本质——剥削，就不能没有劳动价值概念，而这一概念正是斯蒂德曼实物利润理论中没有并极力反对和排斥的。

举一个例子来说明斯蒂德曼的实物利润决定论在理论上的困难。

斯蒂德曼在《依照斯拉法来看马克思》第四章，提到了一个正确的结论：当且仅当剩余价值（劳动）大于零时，利润（率）大于零；或者说，当且仅当剩余价值（劳动）存在时，利润存在。他也正确地指出：这个关系并不是利润存在的理论，应该说明的是利润为什么存在。这个问题确切地说，应该是：为什么当且仅当剩余价值（劳动）大于零时，利润大于零？然而，斯蒂德曼除了反复地问"为什么"外，却无法用他的实物利润决定理论来回答这个问题。但是，如果用马克思的建立在劳动价值论基础上的剩余价值和利润理论，我们就能很容易地得到非常明确的解答：因为剩余价值（劳动）是利润的实体，所以自然有当且仅当剩余价值（劳动）大于零时，利润（率）大于零。这个例子说明，在利润（率）决定理论中，不是马克思劳动价值学说是多余的，而是斯蒂德曼的理论中缺少点什么必要的东西。不难看出，这点必要的东西正是劳动价值学说。

为什么斯蒂德曼的实物价格、利润决定理论，一方面，能够在一定范围内正确地求出平均利润率和货币生产价格；另一方面，却不能说明资本主义经济的本质？其主要原因之一在于斯蒂德曼方法论上的错误。斯蒂德曼无疑使用的是抽象法，但是他的抽象法却没有建立在正确的基础之上。斯蒂德曼把社会生产的一般条件的量（A,l）和由资本主义生产关系决定的社会生产条件的量（m,W）混杂在一起来建立他的理论。因此，一方面，根据这些量，他能够在一定范围内正确地求出平均利润率和生产价格的相对量；另一方面，由于他跳过了社会生产一般条件在资本主义社会中的存在形式——价值、剩余价值，因

[①] "把体现在剩余产品中的剩余价值归结为剩余劳动，同把价值归结为劳动是一样重要的。"（马克思.剩余价值理论（第三册）北京：人民出版社，1975：261.）"价值论的要点可以总结如下：物品确实是由劳动和自然资源共同生产的。但是有关的生产的社会来源却是劳动，而不是无生命的'土地'。因此，也必须把利润、利息和地租归功于劳动，它们的总量就等于（同义反复地）劳动所生产的总价值减去劳动者本身所消费的数量。"（鲍莫尔.价值的转形：马克思"真正"作出的解释（一个说明）//外国经济学论研究会.现代国外经济学论文选（第六辑）.北京：商务印书馆，1984：98.）

而必然不能说明资本主义社会经济关系和社会本质。我们知道,这也正是资产阶级古典经济学和庸俗经济学家在方法论上通常所犯的主要错误之一。

根据以上讨论,可以看到,一方面,正是劳动价值学说使马克思能够科学地揭示生产的社会性质,揭示资本主义社会的生产关系和本质;另一方面,正是由于斯蒂德曼抛弃了劳动价值学说,因而无法揭示生产的社会性质,无法揭示资本主义社会的生产关系和本质。所以,如果离开了对生产的社会性质的研究,离开了对资本主义社会的经济本质和关系的研究,那么,马克思的劳动价值学说似乎确实是"多余"的;但是,要研究和揭示生产的社会性质,研究和揭示资本主义社会的经济关系和本质,那么,马克思的劳动价值学说不仅不是多余的,而且是必要的、唯一的科学理论基础。因此,斯蒂德曼的第二个断言是完全不能成立的。

三、结论

综上所述,不仅马克思剩余价值转化为平均利润、价值转化为生产价格的理论在量上是完善的,而且对于资本主义经济过程本质的研究来说,劳动价值学说不仅不是多余的,而且是必需的理论基础。所以,斯蒂德曼对马克思劳动价值学说提出的两个非难都是不能成立的。

可以将斯蒂德曼对马克思劳动价值学说的非难图略改变一下(见图8-1-2),来表示我们对斯蒂德曼非难的反驳。

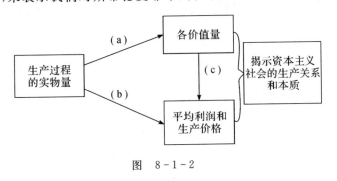

图 8-1-2

图8-1-2中,箭头(a)表示商品的价值(物化劳动)量是由生产过程的技

术条件——实物量决定的。① 箭头(b)表示在一定范围内可以从生产过程的各实物量求出平均利润率和货币生产价格。箭头(c)表示可以从商品的价值量求出平均利润率和生产价格。马克思正是通过价值概念和从价值到平均利润率、生产价格的展开过程揭示了资本主义社会的基本生产关系和本质。斯蒂德曼正是跳过了这个必要的而不是多余的环节,因而无法揭示资本主义社会的生产关系和本质。

由此可见,要进一步研究资本主义经济,决不能像斯蒂德曼所认为的那样:应该抛弃劳动价值论;而是恰恰相反:应该以马克思的劳动价值学说为理论基础继续前进。

第二节 关于存在固定资本时价值量的计算

一、斯蒂德曼的非难

(一)斯蒂德曼的存在固定资本的生产表

斯蒂德曼用表 8-2-1 来说明他的观点。

表 8-2-1

	谷物	新机器	旧机器	劳动	→	谷物	新机器	旧机器
[第一年]	C_1	0	0	L_1	→	0	M	0
[第二年]	C_2	M	0	L_2	→	Q_2	0	M
[第三年]	C_3	0	M	L_3	→	Q_3	0	0
总计	C	M	M	L	→	Q	M	M

表 8-2-1 中,方括号中的年序是笔者注明的,箭头左边是投入,右边是产出。第一行表示,第一年使用 C_1 单位谷物和 L_1 单位劳动,生产 M 单位新机器。第二行表示,第二年使用 C_2 单位谷物、M 单位新机器和 L_2 单位劳动,生产 Q_2 单位谷物;M 单位新机器使用一年后以 M 单位旧机器的形式存在,

---

① 马克思在《资本论》第一章中关于价值量规定性的讨论中,已说明了商品的价值量是由生产过程的技术条件决定的,而生产过程的实物量的关系不过是技术条件的表现形式而已,所以商品的价值量可以由生产过程的实物量求出。可见斯蒂德曼用商品的价值量可由实物量求出来否定劳动价值学说,不过是与风车决斗而已。

所以将 M 单位旧机器也看作第二年的产品。第三行表示,第三年使用 C_3 单位谷物、M 单位旧机器和 L_3 单位劳动,生产 Q_3 单位谷物。第四行表示,三年总计使用了 C 单位谷物、M 单位新机器、M 单位旧机器和 L 单位劳动,生产了 Q 单位谷物、M 单位新机器和 M 单位旧机器。其中,$C=C_1+C_2+C_3$,$L=L_1+L_2+L_3$,$Q=Q_2+Q_3$。表中的 C,M,L 和 Q 各量都是以物理量度量的,其中,劳动是用时间度量的。

(二)斯蒂德曼的"马克思价值计算"

斯蒂德曼对表8-2-1给予了表8-2-2所示的数据。

表 8-2-2

	谷物	新机器	旧机器	劳动		谷物	新机器	旧机器
[第一年]	1	0	0	5	→	0	5	0
[第二年]	9	5	0	10	→	10	0	5
[第三年]	15	0	5	25	→	25	0	0
总计	25	5	5	40	→	35	5	5

从表8-2-2可以看出,从第二年到第三年,单位谷物产出的劳动投入没有变化,单位谷物产出的谷物投入和机器投入都减少了。斯蒂德曼说这表示机器的效率上升了。[①]

斯蒂德曼说,按照马克思的方法和理论,各产品的价值应计算如下。

从总计行数据可以看出,纯产品$(35-25)=10$ 单位谷物,劳动耗劳是35单位,用 l_c 表示单位谷物的价值,有
$$10l_c=40$$
得
$$l_c=4 \tag{8-2-1}$$
根据马克思的"价值$=c+v+m$"的公式,用 l_n 表示新机器的价值,由第一行(年)数据,有
$$l_c+5=5l_n$$
将式(8-2-1)代入上式,得 $4+5=5l_n$,由此得
$$l_n=1.8 \tag{8-2-2}$$

---

① 斯蒂德曼对机器效率变化的描述,在技术上也是错误的。关于这一点,将另著论述。

论价格直接基础或价值转化形式

根据马克思线性折旧方法,用 l_0 表示旧机器的价值,有

$$l_0 = \frac{1}{2}l_n = 0.9$$

但是,将上述 l_0,l_n 的数据代入第二行[年]和第三行[年]数据,则有

$$9l_c + 5(1.8) + 10 = 10l_c + 5(0.9) \quad (根据第二行[年])$$

得
$$l_c = 14.5 \qquad (8-2-3)$$

$$15l_c + 5(0.9) + 25 = 25l_c \quad (根据第三行[年])$$

得
$$l_c = 2.95 \qquad (8-2-4)$$

斯蒂德曼说:式(8-2-3)、式(8-2-4)和式(8-2-1)所表示的 l_c 的值是相互不同的,相互矛盾的,可见,马克思的线性折旧法是错误的。

(三)斯蒂德曼的"正确计算"与"负折旧"和"负价值"

斯蒂德曼认为,对于上例,正确的计算方法应该是列出下面的方程组。

$$l_c + 5 = 5l_n \quad (根据第一行[年]) \qquad (8-2-5)$$

$$9l_c + 5l_n + 10 = 10l_c + 5l_0 \quad (根据第二行[年]) \qquad (8-2-6)$$

$$15l_c + 5l_0 + 25 = 25l_c \quad (根据第三行[年]) \qquad (8-2-7)$$

由式(8-2-5)~式(8-2-7),可解得

$$l_c = 4, \quad l_n = 1.8, \quad l_0 = 3 \qquad (8-2-8)$$

由此可见:第一,l_0 的"正确"值(3)与按"马克思方法"计算的值(0.9)不同;第二,旧机器的价值($l_0 = 3$)大于新机器的价值 $l_n = 1.8$,新机器的价值折旧 = $1.8 - 3 = -1.2$,是负值。

斯蒂德曼认为,一方面,如上所述,对于上升的效率,新机器的价值折旧会成为负值;另一方面,对于下降的机器效率,旧机器的价值会成为负值。斯蒂德曼以表 8-2-3 所示数据作为下降的机器效率的例子。在表 8-2-3 中,30 单位劳动和 3 单位机器投入的纯谷物产出,在第二行[年]是 39,在第三行[年]是 27。这表示机器的效率下降了。

表 8-2-3

	谷物	新机器	旧机器	劳动		谷物	新机器	旧机器
[第一年]	3	0	0	3	→	0	3	0
[第二年]	49	3	0	30	→	88	0	3
[第三年]	3	0	3	30	→	30	0	0
总计	55	3	3	63	→	118	3	3

由表 8-2-3 可得

$$3l_c + 3 = 3l_n \quad (根据第一行[年]) \quad (8-2-9)$$
$$49l_c + 3l_n + 30 = 88l_c + 3l_0 \quad (根据第二行[年]) \quad (8-2-10)$$
$$3l_c + 3l_0 + 30 = 30l_c \quad (根据第三行[年]) \quad (8-2-11)$$

由式(8-2-9)~式(8-2-11),可解出

$$l_c = 1, l_n = 2, l_0 = -1 \quad (8-2-12)$$

由此可见,旧机器的价值不仅小于新机器的价值,而且是负值,新机器的价值折旧=2-(-1)=3,大于新机器的价值。

(四)斯蒂德曼的结论

由上述计算,斯蒂德曼得出结论:第一,按照马克思的线性折旧法计算,结果是相互矛盾的,因而,马克思的线性折旧法是错误的。第二,按照"正确"的计算方法,首先,折旧不是线性的,其次,会出现"负折旧"和"负价值",这是与马克思价值概念——凝结在商品中的物化劳动相悖的,因此,马克思的价值概念是错误的。

二、驳斯蒂德曼的非难

(一)斯蒂德曼计算方法的根本性错误

斯蒂德曼的计算初看起来是很精巧的,实际上是完全错误的。斯蒂德曼计算的根本性错误有如下两点:

第一,错误地将一个时间序列问题作为一个空间并存关系来处理,将一个不同时间中的不同变量作为同一时间中的同一个变量来处理。

在表 8-2-1 中,第一年的谷物投入并不是第一年生产的,而是前一年(记作第 0 年)生产的;因此,其价值量(用 l_{c0} 表示)不是由第一年的生产条件决定的,而是由第 0 年生产条件决定的,对于表中的生产体系来说,它是一个外生变量,不是内生变量。第二年的谷物投入仍是第 0 年的产品,其价值量仍等于 l_{c0};而第二年的谷物产出是第二年的产品,其价值量(用 l_{c2})是由第二年的生产条件决定的。第三年谷物投入是第二年的产品,其价值量仍等于 l_{c2};而第三年谷物产出是第三年的产品,其价值量(用 l_{c3} 表示)是由第三年的生产条件决定的。

斯蒂德曼假定机器效率是变化的,也就是假定了生产条件是变化的,因此,在其计算体系中,l_{c0}, l_{c2}, l_{c3} 的值应该是不同的,三者应该是不同的变量。

然而,在他的"马克思价值计算"和"正确计算"中,斯蒂德曼却都用同一个变量(l_c)来表示这三个不同的变量。所以,斯蒂德曼的计算方法是错误的,所得出的结果自然也是荒谬的、错误的。

第二,斯蒂德曼关于机器价值折旧和旧机器价值确定的方法是错误的。

首先,我们说明机器价值折旧、旧机器价值确定的正确方法和两者与产品价值决定之间的正确关系。

机器价值折旧率大小,机器折旧是线性还是非线性,是由表8-2-1之外的因素决定的[①]。因此,对于表8-2-1所示的生产体系,机器折旧率是个外生变量。旧机器的价值是由新机器的价值和折旧率决定的。用 α 表示新机器的价值折旧率,α 有经济意义的区间为 $0<\alpha<1$。

令
$$\beta=(1-\alpha) \qquad (8-2-13)$$

为旧机器存值率,根据 α 有意义的区间,β 有意义的区间也是 $0<\beta<1$。旧机器的价值为

$$l_0=\beta l_n \qquad (8-2-14)$$

机器价值折旧与投入产出关系一同决定产品的价值。在投入产出关系、机器价值折旧和产品价值三者之间的关系中,是投入产出关系和机器价值折旧两者决定产品价值,而不是投入产出关系和产品价值决定机器折旧率。

然而,斯蒂德曼在他的"正确计算"中错误地将机器价值折旧率这个外生变量作为表8-2-1所示生产体系的内生变量;错误地将 l_{c0},l_{c2} 和 l_{c3} 这三个不同的变量(一个外生变量、两个内生变量)作为同一个内生变量 l_c,这实质上是将两个内生变量(某两年谷物的价值)作为已知量;在这两个错误的基础上,斯蒂德曼错误地用某两年谷物的价值和投入产出关系作为已知量来确定机器价值折旧率。由此可见,斯蒂德曼的"正确计算"并不正确,而是错误的。"负折旧"和"负价值"的出现正是这种计算错误的一种表现。

(二)正确的马克思价值计算及其完善性

本部分将说明正确反映各变量关系的马克思价值计算方法,由此说明在有固定资本的条件下马克思价值计算是无矛盾的、自身完善的,并说明机器线性价值折旧假定并非错误。

根据前面所说明的 l_{c0},l_{c2} 和 l_{c3} 是三个不同的变量与式(8-2-14),表

[①] 关于机器价值折旧率的确定,我们将另著论述。马克思关于机器价值线性折旧的假定,斯蒂德曼也是知道的。

8-2-1所示的生产体系与各产品价值量的关系应该用下列方程组表达：

$$l_{c0}C_1 + L_1 = Ml_n \quad \text{（第一年）} \tag{8-2-15}$$

$$l_{c0}C_2 + Ml_n + L_2 = Q_2 l_{c2} + Ml_0 \quad \text{（第二年）} \tag{8-2-16}$$

$$l_{c2}C_3 + Ml_0 + L_3 = Q_3 l_{c3} \quad \text{（第三年）} \tag{8-2-17}$$

$$l_0 = \beta l_n \tag{8-2-14}$$

该方程组有 4 个内生变量（l_{c2}, l_{c3}, l_n, l_0），有 4 个方程，由此可以确定出唯一一组解：

$$l_n = \frac{1}{M}(l_{c0}C_1 + L) \tag{8-2-18}$$

$$l_0 = \beta l_n \frac{\beta}{M}(l_{c0}C_1 + L_1) \tag{8-2-19}$$

$$l_{c2} = \frac{1}{Q_2}[l_{c0}C_2 + M(l_n - l_0) + L_2] =$$

$$\frac{1}{Q_2}(l_{c0}C_2 + \alpha M l_2 + L_2) \tag{8-2-20}$$

$$l_{c3} = \frac{1}{Q_3}(l_{c3}C_3 + Ml_0 + L_3) =$$

$$\frac{1}{Q_3}(l_{c2}C_3 + \beta Ml_n + L_3) \tag{8-2-21}$$

不论机器价值折旧是线性的还是非线性的，不论机器的效率是上升的还是下降的，上述计算方法都可以得出无矛盾的、有经济意义的、非负的解。该解与马克思价值概念完全无相悖之处。这种计算方法才是真正的马克思价值计算方法，真正的正确的计算方法，它是自身完善的。由此还可以说明机器价值线性折旧假定并非是错误的。

下面用上述方法分别解表 8-2-2 和表 8-2-3 所示的两个数例，进一步说明上述结论。

将表 8-2-2 中的数据代入式（8-2-18）～式（8-2-21），得

$$l_n = \frac{1}{5}(l_{c0} + 5) = \frac{1}{5}l_{c0} + 1 \tag{8-2-22}$$

$$l_0 = \beta l_n = \beta(\frac{1}{5}l_{c0} + 1) \tag{8-2-23}$$

$$l_{c2} = \frac{1}{10}[l_{c0}(9) + 5nl_n + 10] \tag{8-2-24}$$

$$l_{c3} = \frac{1}{25}[l_{c2}(15) + 5\beta l_n + 25] \tag{8-2-25}$$

论价格直接基础或价值转化形式

首先,假定机器价值折旧是线性的,假定外生变量 $\alpha=\frac{1}{2}$,根据式(8-2-13),有 $\beta=\frac{1}{2}$。同时,假定外生变量 $l_{c0}=5$。将上述假定代入式(8-2-22)~式(8-2-25),得

$$l_n=2, \quad l_0=1, \quad l_{c2}=6, \quad l_{c3}=4.8$$

其次,再假定 $\alpha=\frac{1}{4}$,根据式(8-2-13),有 $\beta=\frac{3}{4}$。仍假定 $l_{c0}=5$,将上述假定代入式(8-2-22)~式(8-2-25),得

$$l_n=2, \quad l_0=1.5, \quad l_{c2}=5.75, \quad l_{c3}=4.75$$

将表8-2-3中的数据代入式(8-2-18)~式(8-2-21),得

$$l_n=l_{c0}+1 \qquad (8-2-26)$$

$$l_0=\beta(l_{c0}+1) \qquad (8-2-27)$$

$$l_{c2}=\frac{1}{88}[l_{c0}(49)+3\alpha\, l_n+30] \qquad (8-2-28)$$

$$l_{c3}=\frac{1}{30}[l_{c2}(3)+3\beta\, l_n+30] \qquad (8-2-29)$$

首先,假定机器价值折旧为线性的,假定 $\alpha=\frac{1}{2}$,$\beta=\frac{1}{2}$。仍假定 $l_{c0}=5$,得

$$l_n=6, \quad l_0=3, \quad l_{c2}=3.2, \quad l_{c3}\approx 3.62$$

其次,再假定 $\alpha=\frac{1}{2}$,$\beta=\frac{1}{2}$,仍假定 $l_{c0}=5$,得

$$l_n=6, \quad l_0=1.5, \quad l_{c2}\approx 3.28, \quad l_{c3}\approx 1.48$$

综上所述,在有固定资本的条件下,按照马克思价值概念进行计算,无论在什么情况下,包括在机器价值线性折旧假定下,都可以得出正确的解,不存在相互矛盾的解。

(三)斯蒂德曼的"负折旧"与"负价值"产生的原因

前面已经说明了在有固定资本条件下马克思价值计算的正确方法和斯蒂德曼计算的错误所在,说明了斯蒂德曼的非难是不能成立的。下面,进一步说明斯蒂德曼的"正确计算"中"负折旧"与"负价值"产生的原因,从而再一次说明斯蒂德曼的非难是不能成立的。

前面已经说明,在每一年,投入产出关系与机器价值折旧决定该年产品(谷物)的价值,即机器效率变化和机器价值折旧变化是原因,谷物价值变化是结果。

而在数例中,斯蒂德曼假定机器效率发生变化,这本该引起谷物价值变化,但是,他错误地假定三年的谷物价值都等于 l_c。这就是假定了产品的价值不变。斯蒂德曼在机器效率变化和谷物价值不变这两个假定下讨论机器价值折旧的变化,实质上,是把机器效率变化与产品价值作为原因,把机器价值折旧变化作为结果。斯蒂德曼把因果关系搞颠倒了。将这种颠倒的因果关系作为前提,一切就都颠倒了。

在斯蒂德曼数例的计算中,为了保持三年谷物价值不变,必须假定机器价值折旧与机器效率同方向变化,并抵消机器效率变化所引起的谷物价值的变化;当假定机器效率变化非常大时,就必须假定机器价值折旧进行非常大的同方向变化,这就导致了所谓"负折旧"或"负价值"的出现。

在表8-2-2所示的上升的机器效率的数例中,在第三年生产中,机器的效率比在第二年生产中提高了,因此谷物的价值应该降低了。但是,斯蒂德曼却假定谷物的价值不变,于是第三年生产中,机器的折旧量就要大于第二年的折旧量,这就产生了"非线性折旧"。不仅如此,斯蒂德曼又将机器效率的提高假定到非常大且不合实际的地步[①]:在第二年,5台机器生产10单位谷物;而到第三年,5台机器就生产了25单位谷物。这样第三年机器的折旧量就必须大于新机器本身的价值量,也就是旧机器的价值量必须大于新机器的价值量,这就导致了第二年"负折旧"的出现。

在表8-2-3所示的下降的机器效率的数例中,在第三年生产中,机器的效率比在第二年生产中降低了,因此谷物价值应该上升。但是,在斯蒂德曼的计算中,却假定谷物的价值不变。为了保证这个假定,在第三年生产中,机器的价值折旧量就要小于第二年的折旧量,这也产生了"非线性折旧"。而且,斯蒂德曼又将机器效率的降低假定到非常大且不合实际的地步:在第二年,3台机器生产了88单位谷物,而到第三年,3台机器仅生产了30单位谷物。在这种假定下,为了保证其谷物价值不变的假定,在第二年生产中机器的折旧量就必须大于新机器本身的价值量,这就导致了旧机器"负价值"的出现。

综上所述,斯蒂德曼计算中出现"负折旧"和"负价值"的原因在于:第一,错误地将当机器效率变化时三年中不同的谷物价值量假定为同一的;第二,错误地将机器折旧率这一外生变量作为内生变量,并且将机器效率、机器价值折旧量与产品(谷物)价值量的因果关系搞颠倒了;第三,在上述两个错误基础上,又将机器效率假定到非常大且不合实际的地步。因此,斯蒂德曼计算中的

---

① 关于机器效率变化的规律,将另著论述。

"负折旧"和"负价值"的出现,完全在于他自己的错误。

三、结论

根据本篇的讨论,可以清楚地看到:在有固定资本的条件下,马克思的价值计算是自身完善的、无矛盾的,是完全正确的;斯蒂德曼从他的"马克思价值计算"所得出的相互矛盾的解和从他的"正确计算"所得出的"负折旧"和"负价值"的结果,是建立在错误的计算基础之上的,因而是错误的;斯蒂德曼以此对马克思价值概念的否定是根本不能成立的。

第三节 关于"联合产品"价值量的计算

一、斯蒂德曼的非难

(一)斯蒂德曼的联合产品"生产表"

斯蒂德曼用表8-3-1表示联合产品的生产技术过程。

表 8-3-1

	投入				产出	
	第一种商品	第二种商品	劳动		第一种商品	第二种商品
第一个生产过程	5	0	1	→	6	1
第二个生产过程	0	10	1	→	3	12

表8-3-1假定:整个社会有两种商品,有两个生产过程;两个生产过程都是"联合生产",即,每个生产过程都不只生产一种商品,而是同时生产两种商品;两个生产过程的生产周期是相同的,并且没有固定资本。表8-3-1表示,第一个生产过程,投入5单位第一种商品和1单位劳动,生产出6单位第一种商品和1单位第二种商品;第二个生产过程,投入10单位第二种商品和1单位劳动,生产出3单位第一种商品和12单位第二种商品。

在表8-3-1基础上,斯蒂德曼进一步假定:整个社会生产使用6单位劳动,第一个生产过程使用5单位劳动,第二个生产过程使用1单位劳动。表8-3-2表示了这个生产过程。

表 8-3-2

	投入				产出	
	第一种商品	第二种商品	劳动		第一种商品	第二种商品
第一个生产过程	25	0	5	→	30	5
第二个生产过程	0	10	1	→	3	12
社会总生产	25	10	6	→	33	17

由表8-3-2可以计算出,社会纯产品是8(33-25)单位第一种商品和7(17-10)单位第二种商品。斯蒂德曼又假定,6单位劳动的实际工资是3单位第一种商品和5单位第二种商品。由此可以计算出,剩余价值包含的商品是5(8-3)单位第一种商品和2(7-5)单位第二种商品。斯蒂德曼用表8-3-3表示上述数量及其关系。

表 8-3-3

纯产品	8	7
实际工资	3	5
剩余价值包含的商品	5	2

(二)斯蒂德曼的"价值计算"和"剩余价值计算"

1. 价值计算

斯蒂德曼认为,要求出"联合产品"的价值,必须使用联立方程的方法。他用 l_1 和 l_2 分别表示单位第一种商品的价值和单位第二种商品的价值,根据表8-3-1列出方程组:

$$5l_1 + 1 = 6l_1 + l_2 \quad (8-3-1)$$
$$10l_2 + 1 = 3l_1 + 12l_2 \quad (8-3-2)$$

由式(8-3-1)、式(8-3-2)联立求解,得

$$l_1 = -1, l_2 = 2$$

2. 剩余价值计算

斯蒂德曼用 V 表示"劳动力价值",认为,劳动力价值应等于实际工资的

价值量,由表 8-3-3 计算出
$$V = 3 \times (-1) + 5 \times 2 = 7$$
斯蒂德曼用 S 表示"剩余价值",认为,剩余价值等于"剩余价值包含的商品"的价值量,由表 8-3-3 计算出
$$S = 5 \times (-1) + 2 \times 2 = -1$$
劳动力价值与剩余价值之和
$$S + V = 7 + (-1) = 6$$
等于投入的劳动量。

(三)斯蒂德曼的结论

根据以上计算,斯蒂德曼得出结论:在"联合产品"的情况下,按马克思的价值计算有可能计算出商品的负价值和负剩余价值,因此,马克思的劳动价值概念是错误的,应该予以抛弃。

二、驳斯蒂德曼的非难

下面,对斯蒂德曼"在联合产品中,负价值和负剩余价值"的论点进行分析。

(一)联合产品及其生产函数

斯蒂德曼的根本错误在于他对联合生产和联合产品的假设是错误的和虚假的。

所谓"联合生产"是指一种生产过程,在这种生产过程中,不是生产出一种产品,而是生产出两种或两种以上的产品。联合生产过程的产品称为联合产品。联合生产和联合产品客观上都是存在的。例如:养羊业,不仅生产出羊肉,而且生产出羊皮和羊毛;酿酒过程,不仅生产白酒,而且生产出酒糟;农业中的套种,一块田里,同时种植和收获两种农作物。

联合生产过程也可以用生产函数表示。假定,一个联合生产过程生产两种产品,用 q_1 和 q_2 分别表示这两种产品的产出量;再假定,该生产过程,除活劳动投入外,有 n 种生产资料投入,用 x_i 表示第 i 种生产资料投入,用 x_h 表示活劳动投入;这个联合生产过程的生产函数可以写为

$$(q_1, q_2) = f(x_1, x_2, \cdots, x_i, \cdots, x_n, x_h) \tag{8-3-3}$$

其中,f 是函数符号。

然而,斯蒂德曼对联合产品的假设却是错误的。

在表 8-3-1 中,斯蒂德曼假定:整个社会有两种产品,有两个联合生产过程,这两个联合生产过程中的每一个都同时生产两种产品。这实际上是假定社会生产中的每一个生产过程都生产社会经济中的所有产品[①]。对于自然经济,这种假设是适应的,在自然经济中,男耕女织,自给自足。但是,这不是商品生产,没有规范的商品交换,更不存在斯蒂德曼所讨论的价格体系。对于商品经济,斯蒂德曼的假定是不能成立的,因为,商品经济的基础是社会分工,也就是每个社会生产过程只生产某种特定的商品,正是有了这种社会分工,才有交换,才有价格体系。

退一步,假定如果存在斯蒂德曼所假定的情况:两个生产过程的每一个都同时生产两种产品,那么,应该出现的结果是在两个生产过程中选择效率高的生产过程,而不是两个生产过程同时存在并进行全面交换。以斯蒂德曼假定的表 8-3-1 为例,在第一个生产过程中,1 单位活劳动的纯产品是 1 单位第一种商品和 1 单位第二种商品,记作(1,1);在第二个生产过程中,1 单位活劳动的纯产品是 3 单位第一种商品和 2 单位第二种商品,记作(3,2)。表 8-3-4 表示这一数量情况。

表 8-3-4　1 单位活劳动纯产品

	第一种商品	第二种商品
第一个生产过程	1	1
第二个生产过程	3	2

非常明显,社会将选择第二个生产过程,而不会是两个生产过程同时存在并进行全面交换。

(二)价值计算

由于斯蒂德曼对联合生产的假设是错误的,不会存在两个生产过程及其全面的产品交换,所以他用联立方程计算价值量的方法和结果自然是错误的。其实,在真实价值关系中,联合产品的价值决定和计算是很简单的。因此,我们首先说明真实的价值关系,然后讨论在真实价值关系中联合产品价值的计算。

---

① 在进一步的说明中,斯蒂德曼假定:整个社会有 n 种产品,有 n 个生产过程,n 个生产过程中的每一个都生产 n 种产品。

论价格直接基础或价值转化形式

1. 真实的价值关系

在第一篇中,已经说明:构成社会财富主体的劳动产品,对人类来说,一方面是(广义的)消费对象,另一方面是人类劳动的产品;社会财富的分配,一方面是(广义的)消费对象物的分配,另一方面是"生产社会产品耗费的人类劳动"的分配。因此,就人类的社会生产关系而言,"生产社会产品耗费的人类劳动"构成社会分配的实体。在商品经济中,社会财富的分配是通过商品交换实现的,作为社会分配实体的"生产社会产品耗费的人类劳动"就表现为交换的实体。在商品交换中,呈现在人们面前的不是社会劳动整体量的分割,而是单个商品量的交换,社会总量表现为单个量的总和,因此,作为分配和交换实体的"生产社会产品耗费的人类劳动"就表现为单个商品包含的生产该商品所耗费的劳动,即生产商品所耗费的抽象人类劳动,这就是商品的价值。所以,价值就其本质来说是社会分配的实体,是社会交换的实体,是一个社会的量。

就价值是交换的实体而言,价值是决定价格的最终基础。然而,市场价格运动的中心并不是由价值直接决定的,而是由价值的转化形式决定的,这是价格的直接基础,它在量上由社会生产力和生产关系决定的社会劳动(即社会总价值量)在各个生产部门和社会集团之间的分配规律决定。价格直接基础的货币表现形式就是所谓的"自然价格",在本节中,为了简单,我们假定自然价格直接由价值决定。商品的市场价格由市场供求及其变化决定,围绕着自然价格运动。

2. 价值量的计算

分下列三种主要情况来讨论联合产品价值量计算。

第一种情况:一个生产过程,乃至整个社会的这种生产过程,同时生产两种商品。例如,酿酒业,同时生产出酒和酒糟。在这种情况中,两种商品有一个共同的价值量,由生产两种商品的社会必要劳动时间决定。

以斯蒂德曼的假定表 8-3-1 生产过程为例来说明。上面已经说明,在表 8-3-1 中,第二个生产过程被选择。假定该生产过程代表社会生产过程。从表 8-3-1 和表 8-3-4 可以清楚地看出,1 单位活劳动生产的纯产品是 3 单位第一种产品和 2 单位第二种产品,记作 (3,2)。因此,3 单位第一种商品和 2 单位第二种商品的价值量就等于 1 单位劳动,可以写作

$$L(3,2)=1 \tag{8-3-4}$$

其中,$L(3,2)$ 表示 3 单位第一种商品和 2 单位第二种商品的价值量。前面已经说明,价值是社会分配的实体,$L(3,2)=1$ 作为这种实体加入社会分配,因

此,在这里,求出 $L(3,2)=1$,就已经解决了价值问题,没有必要再去求单位第一种产品和单位第二种产品的价值量。至于两种产品各自的市场价格,则由市场供求及其变化在 $L(3,2)=1$ 基础上决定。

第二种情况:某个个别生产过程联合生产两种产品,而这两种产品的整个社会生产却并非如此。例如,某个农户在他经营的田地里套种大豆和玉米,而在整个社会生产中仍是大豆和玉米分开种值。在这种情况中,两种商品的价值量分别由生产这两种产品物各自的社会必要劳动时间决定,而不是由这个联合生产两种产品的个别劳动时间决定。

第三种情况:一个生产过程,乃至整个社会的这种生产过程,同时生产两种产品,但是,第二种产品在该种产品的社会生产中只占极少的比例,该种产品的大多数由另一个生产过程专门生产。在这种情况中,第二种产品的价值由生产该商品的社会必要劳动时间决定,即由另一个生产过程决定,而不是由这个联合生产过程决定。因此,l_2 对于联合产品价值求解是一个外生变量,是已知的;又因为,联合生产两种产品的总体劳动耗费是已知的;所以可以很简单地求出第一种产品的价值。

仍以斯蒂德曼表 8-3-1 的数例为例来说明。按以上说明,第二个生产过程被选择;假定第二种产品的价值由另一个生产过程决定,等于 0.1(单位劳动),即 $l_2=0.1$。3 单位第一种商品和 2 单位第二种商品的价值量之和可写为

$$L(3,2)=3l_1+2l_2 \qquad (8-3-5)$$

其中,l_1 表示单位第一种产品的价值,l_2 表示单位第二种产品的价值。

将 $l_2=0.1$ 和式(8-3-4)代入式(8-3-5),得

$$3\times l_1+2\times 0.1=1$$

由此解出

$$l_1=0.8/3\approx 0.27 \quad (单位劳动)$$

由此可见,在真实的价值计算中,即使使用斯蒂德曼的数例,也决不会出现由斯蒂德曼错误计算所产生的负价值。

(三)剩余价值计算

斯蒂德曼在其错误地计算出负价值的基础上必然会错误地计算出负剩余价值。其实,在真实的价值关系和价值确定的基础上,可以很容易地计算出联合生产中的剩余价值,而且决不会出现所谓的负剩余价值问题。我们仍以斯蒂德曼的数例来说明。

论价格直接基础或价值转化形式

按照斯蒂德曼的假定,整个社会使用 6 单位活劳动;前面我们已经说明,第二个生产过程被选择;因此,社会生产过程可以用表 8-3-5 表示。

表 8-3-5

投入				产出	
第一种产品	第二种产品	活劳动		第一种产品	第二种产品
0	60	6	→	18	72

从表 8-3-5 可以清楚地看到,社会纯产品为 18 单位第一种产品和 12 单位第二种产品,记作(18,12)。按照斯蒂德曼的假定,6 单位活劳动的实际工资是 3 单位第一种产品和 5 单位第二种产品,记作(3,5)。由此可以计算出剩余产品等于 15 单位第一种产品和 7 单位第二种产品,记作(15,7)。上述关系可以用表 8-3-6 表示。

表 8-3-6

	第一种产品	第二种产品
纯产品	18	12
实际工资	3	5
剩余产品	15	7

因为 6 单位活劳动生产的纯产品是 18 单位第一种产品和 12 单位第二种产品,所以 18 单位第一种产品和 12 单位第二种产品的价值量等于 6 单位劳动,可以写为

$$L(18,12)=6 \quad (单位劳动) \quad (8-3-6)$$

这 6 单位劳动的价值量分割为劳动力价值量 $V=L(3,5)$ 和剩余价值量 $S=L(15,7)$,所以劳动力价值量和剩余价值量都是正值。

比较表 8-3-1 中的第二个生产过程和表 8-3-5,比较式(8-3-4)和式(8-3-6),可以看出投入与产出之间、价值量与投入量之间都是线性关系,因此,可以对剩余价值量作如下推导:

$$S=L(15,7)=$$
$$L[(10.5,7)+(4.5,0)]=$$
$$L(10.5,7)+L(4.5,0)=$$

$$3.5L(3,2)+L(4.5,0)$$

因为 $L(3,2)=1$,所以有

$$S=3.5+L(4.5,0)$$

由此可见,剩余价值量是个大于 3.5 的正值。

由于价值量和投入量是线性关系,因此,可以对劳动力价值量作如下推导：

$$V=L(3,5)=$$
$$L[(3,2)+(0,3)]=$$
$$L(3,2)+L(0,3)$$

因为 $L(3,2)=1$,所以有

$$V=1+L(0,3)$$

由此可见,劳动力价值量是个大于 1 的正值。

将劳动力价值量和剩余价值量相加,价值量和投入量是线性关系,所以有

$$S+V=3.5+L(4.5,0)+1+L(0,3)=$$
$$4.5+L[(4.5,0)+(0,3)]=$$
$$4.5+L(4.5,3)=$$
$$4.5+1.5L(3,2)$$

因为 $L(3,2)=1$,所以有

$$S+V=4.5+1.5=6$$

正好等于纯产品的价值量,即投入的活劳动量。

以上计算证明：社会剩余价值量是大于 3.5 的正值,而不是斯蒂德曼计算出的负值（-1）。

假定社会生产是前面说明的价值计算中的第三种情况,有：单位第一种产品的价值量 $l_1 \approx 0.27$,单位第二种产品的价值 $l_2=0.1$,则社会剩余价值量为

$$S=15×0.27+7×0.1=4.7 \quad (单位劳动)$$

是一个正值。

由此可见,在真实的价值关系计算中,即使使用斯蒂德曼的数例,也不会出现负剩余价值。

三、结论

根据本节的讨论可以看出,斯蒂德曼的根本错误在于他对联合产品和价值关系的错误假定,在此基础之上,斯蒂德曼使用联立方程计算价值的方法及其计算出的负价值和剩余价值的结果都是错误的；在真实的联合产量和价值

论价格直接基础或价值转化形式

关系中,价值和剩余价值都不会出现负值,即使使用斯蒂德曼的数例也不会出现负价值和负剩余价值;因此斯蒂德曼在联合产品问题上对劳动价值学说的否定是不能成立的,是错误的。

本章小结

所有转形问题的研究者都没有充分理解和把握平均利润和生产价格是剩余价值和价值的分配形式这一基本原理,因而没有完善地、正确地解决转形问题。他们的研究提出了问题,并在一定程度上找到了解决问题的线索。第一,博特凯维兹首先提出了问题和用线性方程组解转形问题的方法,温特尼茨克服了博氏模型简单再生产的局限性,塞顿克服了将社会生产分为三个部门的局限性,建立了一般公式;第二,米克接触到了应从"平均利润是剩余价值的分配"出发研究转形问题这一重要原理,塞顿和森岛将转形问题的研究从"不变性公式"的选择转到"特殊模型"的选择并不能解决问题这一实事,迫使我们进一步深入地从马克思主义经济理论,而不只是从数学定律出发探讨转形问题,从而认识到转形问题的解决必须以"平均利润和生产价格是剩余价值和价值的分配"这一基本原理作为出发点;第三,多布、迪金逊等人认识到,在研究转形问题时,必须区别以价值计量的平均利润-生产价格系统和以货币计量的平均利润-生产价格系统。

斯蒂德曼的第一个断言:马克思的劳动价值理论无法说明平均利润率和生产价格,无法建立没有内部矛盾的、逻辑统一的平均利润和生产价格理论。

然而,即使使用斯蒂德曼本人的数例,也可以从马克思劳动价值理论出发,求出平均利润和生产价格。因此,斯蒂德曼的第一个断言是完全不能成立的。

斯蒂德曼的第二个断言:即使能够建立没有内部矛盾的、逻辑统一的平均利润和生产价格理论,马克思的劳动价值学说也是完全多余的。

然而,通过对价值理论的全面说明,可以看到,斯蒂德曼所依据的实物价格决定理论仅是整个价值理论体系中的价值范畴上的价格论的一个特殊情况,根本没有涉及价值范畴上的财富论,也无法说明与财富相关的经济现象。劳动价值理论则不仅说明了与价格相关的经济现象,而且,说明了与财富相关的经济现象。因此,马克思劳动价值理论根本不是多余的。

一方面,正是劳动价值学说使马克思能够科学地揭示生产的社会性质,揭示资本主义社会的生产关系和本质;另一方面,正是由于斯蒂德曼抛弃了劳动价值学说,因而无法揭示生产的社会性质,无法揭示资本主义社会的生产关系和本质。所以,如果离开了对生产的社会性质的研究,离开了对资本主义社会的经济本质和关系的研究,那么,马克思的劳动价值学说似乎确实是"多余"的;但是,要研究和揭示生产的社会性质,研究和揭示资本主义社会的经济关系和本质,那么,马克思的劳动价值学说不仅不是多余的,而且是必要的、唯一的科学理论基础。

因此,斯蒂德曼的第二个断言也是完全不能成立的。